CHALLENGES OF WOMEN

女性たちのチャレンジ

過去・現在・未来

佐瀬一男・栗原淑江　著

北樹出版

輝く女神たち

抽象的な概念を具体的なもので示す技法の一つにアレゴリー（寓意）があるが、「勝利」や「自由」などが絵画や彫刻で表現される場合、女神の姿が用いられることが多い。

ギリシャ神話に登場する勝利の女神「ニケ」は、翼をもった姿で表され、古代遺跡に多くみられる。ギリシャで発掘された「サモトラケのニケ」は、船の先頭に衣をひるがえらせて舞い降りた優雅な姿で、ルーブル美術館にたたずんでいる。

同美術館には近代の女神もいる。「民衆を導く勝利の女神」は、フランスの７月革命（1830 年）を描いたドラクロワの傑作である。もろ肌を脱ぎ、トリコロールの国旗を力強くはためかせながら、民衆を鼓舞して突き進む。

一番有名な女神は、ニューヨークのリバティ島にすっくと立つ「自由の女神」であろう。アメリカ合衆国の独立 100 周年を記念してフランスから贈られたこの像のモデルは、作者の母であるという。左手に「独立宣言」の銘板を持ち、右手は世界を照らすたいまつを高く掲げている。

力強く、堂々と、優雅に信念の道を指し示す女神たち。過去の女神たちは、「勝利」や「自由」の象徴として、その光を周囲に輝きわたらせてきた。現在の女神たちは、軽やかに笑いさざめきながら、さまざまな課題にチャレンジし、道を切り開いている。未来の女神たちもまた、理想社会の構築のため、たいまつを高く掲げゆくことだろう。

目　次

女性たちのチャレンジ

――過去・現在・未来――

第1章　はじめに

21世紀は「女性の時代」といわれ、元気に活躍する女性の姿が目立ちます。これは、過去の女性たちのチャレンジのおかげといえるでしょう。若い女性だけでなく、中高年の主婦や働く女性が活躍する姿も目立ちます。

男性中心であった職場に進出したり、結婚・出産後も働き続ける女性が増えたり、地域のボランティア活動に参加したり、通信教育やカルチャー・センターなどの生涯教育を受けたりと、社会のあらゆる分野で女性たちが積極的に活躍するようになっているのです。

このような時代を迎えられたのも、過去の多くの女性たちの闘いがあったからこそです。今では信じられないようなアンフェアな状況に置かれた女性たちが、多くの課題にチャレンジし、重い扉を一つひとつ開いてきてくれたおかげなのです。

また現在、世界には環境問題、人口問題、人権問題、平和の問題など、さまざまな課題が山積していますが、そうした課題に対しても、女性の立場で考え、発言する動きが活発になっています。もちろん、こうした課題は男女を問わず人類全体の問題ですが、今までは女性の視点からの発言が少なかっただけに注目されます。このような課題に対して、女性たちが果敢にチャレンジすることが求められているといえましょう。

そうした意味で、本書のタイトルを『女性たちのチャレンジ――過去・現在・未来』としました。チャレンジ（challenge）の意味は、挑戦、課題、異議申し立てなどがあります。歴史をひもとき、過去における女性たちのチャレンジに学ぶとともに、現在の諸課題を認識し、よりよい未来の構築をめざすという思いを込めました。

歴史的にみると、一般的に女性が政治・経済・文化を含めた社会の動向を左右する立場にいることが少なかったのは事実です。女性の視点、発想、感覚、論理といったものは、マクロな社会状況のなかではあまり顧みられることがありませんでした。

一部のエリート女性や権力をもった女性は別として、一般の女性たちの発言や行動が社会に影響力をもつようになったのは、ごく最近のことといってよいでしょう。また、思想や哲学などの知の営みも、男性中心になされることが多かったのも事実です。

それはなぜなのでしょうか。世界の人口の半分を女性が占めるのはいうまでもないことですが、その女性たちの発想や生活感が社会や思想に反映されにくかったのは、なぜなのでしょうか。また、女性の解放とはどのようなものをいうのでしょうか。

フェミニズム（女性解放思想・運動）や女性学は、そうした問題意識のもとに、今まで男性中心的であった社会・思想・文化のあり方を「女性の視点」から問い直し、再検討することによって、今まで見逃されがちだった点、無視されてきた諸問題を明らかにし、女性も男性も、人間としてよりよい自己実現、社会貢献の生き方ができることをめざすものです。そして、新たな学問を構築するとともに、現実における女性解放にも寄与しようとするのです。このような状況のなかで生まれた女性学は、理論と実践の両方を志向しています。

ここで一つ確認しておきたいのは、フェミニズムや女性学はけっして女性だけのものではないということです。女性の問題は男性の問題でもあり、人間の問題です。いわば、女性学は人間学なのです。男女ともに知恵を出し合い、のびのびと自己実現、社会貢献ができる社会を築いていくカギの一つが女性学であると信じております。

第２章　歴史をひもとく

第１節　女性の視点からみた社会・思想・文化

歴史をひもといて、過去の女性たちが直面した課題や、それへの挑戦をみてみたいと思います。女性をめぐる問題は、時代により、社会のあり方により、またその女性が属する社会層の違いなどにより、さまざまな様相を呈します。それでここでは、紙幅の都合上、象徴的なできごとをいくつか取り上げるにとどめます。日本については後半で各領域について過去にさかのぼって検討しますので、ここではヨーロッパを中心に考察したいと思います。

さて、歴史上の人物といって思い浮かぶのは、どのような人々でしょうか。だいたいが男性のようですが、いかがでしょうか。何人か名前をあげてみてください。世界史のなかで、すぐ思いつく女性がいますでしょうか。たしかに、女王やヒロインもいましたが、数は少ないはずです。政治・経済・文化などの分野で活躍しているのはほとんどが男性で、私たちが学んできた歴史の教科書にも、女性は少ししか載っていません。

これらをみると、だいたいにおいて、今までの歴史は男性が主役で、女性はひっそりと脇役を演じてきたように思えます。もちろん、教科書に載っているかどうかだけで判断されることではありませんが、あまりにもバランスが悪いのは確かです。男女の数のアンバランスとならんで、さらに、もう一つ問題があります。これは、フェミニズムの展開にともなって認識されてきたことです。すなわち、従来の歴史における「人間」には、実は女性が含まれていなかったのではないかということです。

今まで、「人間」、「市民」、「一切衆生」などと書いてあれば、それは男性とか女性とかいうよりも、中性的な存在と思われてきました。そこでいわれる「人間」は、性別をもたない統合的存在であると思われてきたのです。しかし、あらためて再検討してみると、実はその「人間」や「市民」には女性が含まれていなかったらしいことがわかるのです。

古代の哲学で問題にする「人間」も、実は男性だけであったようです。また、フランス革命の「人権宣言」の「人」にも、女性は含まれていなかったのです。当時、それに気づいた女性がいました。後に述べるオランプ・ドゥ・グージュです。

さて、英語で人間はmanですが、manには男という意味もあります。女性はwomanです。manと書いてあるから人間全体をさしているのかと思ったら、実は男性だけをさしていたという例が多いのです。ちなみに、最近、アメリカなどでは、「〜マン」というのをやめて、性別を感じさせない「パーソン」を用いることが増えているといいます。チェアマンをチェアパーソン、オンブズマンをオンブズパーソンといった具合です。言葉の問題ですが、今まで「人間」を「man」で代表していたということと、それに長く気づかなかったということは、言葉の問題を超えて、象徴的な感じがします。

思想や哲学だけでなく、キリスト教をはじめとする諸宗教も、女性を二次的なもの、従属的なものとみる傾向がありました。たとえば仏教で「一切衆生」が成仏するといわれても、同時に「女人五障説」によって、女性は成仏できないといわれてきたのです。どちらが本当なのでしょうか。宗教と女性をめぐる問題については第２節で取り上げます。

このように、今までの歴史あるいは歴史学においては、女性は主体者ではなかったといわざるをえない状況があるのです。具体的に、いくつかの例を挙げてみましょう。

（1） 古 代

まず、古代ギリシャでは、民主政から女性が除外されていたことが知られています。市民身分となっていた女性たちも、参政権は認められていませんでした。女性の社会活動は制限され、結婚し、子どもを産むという生き方以外は認められなかったのです。実は、男性でも民主政から除外されていた人がいます。それは奴隷です。当時の一人前の人間とは、男性市民だけだったのです。

古代の哲学者で、「自然が完全な性をつくりそこねたとき、そこに女性が生まれる」と述べた人がいたことが知られていますが、当時は、女性を完全な人間から除外するというのが普通の考え方だったようです。

また、古代ローマの家族類型は、家父長制度の典型とされます。そこでは、最年長の男性（家父長）が、妻子や奴隷に対して絶対的で無制限の権力をもちます。家族内の権利や財産は家父長によって専有され、父から息子へと相続されます。ここでは妻をはじめとする女性の立場は、非常に低いものになっています。

「家父長制家族は、他方では〈男と女〉の特殊な関係を内包することによって、家父長制的〈文化〉をつくりだす。妻をはじめすべての女性は、男子の場合と異なり家父長になりえない。女性には独立の意思決定の主体、すなわち〈個人〉になる道は永遠に閉ざされている。それゆえ実現を期待される価値体系は男と女の間で異なるばかりでなく、優劣がある。家父長制を、性的抑圧を正当化する文化的〈あるいはイデオロギー的〉装置ととらえたのは、フェミニズム運動の功績である」（厚東洋輔）との指摘もあります。

（2） 中 世

西洋の中世はキリスト教（ローマ・カトリック教会）が約千年間にわたって、社会のあらゆる領域を支配していた（しようとしていた）時代でした。したがって、この時期の女性観は、キリスト教の影響力が非常に強かったと思われます。

キリスト教の女性観については後述しますが、ここで少し説明しておきましょう。

キリスト教世界の主役は男性であるといえます。キリスト教の神は、「父なる神」、「子なる神イエス」、「聖霊」の三位一体といわれますが、これらはすべて男性です。天使たちもすべて男性ですし、ローマ教皇や枢機卿、司教など「神の代理人」である聖職者も男性のみです。啓典は『旧約聖書』、『新約聖書』ですが、それらを通じて、女性は、「従属的なもの」「罪深いもの」と考えられているのです。

たとえば、聖書にこのような一節があります。

「婦人は、静かに、全く従順に学ぶべきです。婦人が教えたり、男の上に立ったりするのを、わたしは許しません。むしろ、静かにしているべきです。なぜならば、アダムが最初に造られ、それからエバが造られたからです。しかも、アダムはだまされませんでしたが、女はだまされて、罪を犯してしまいました。しかし婦人は、信仰と愛と清さを保ち続け、貞淑であるならば、子を産むことによって救われます」(新共同訳「テモテへの手紙一」2：11-15。以下、聖書の引用は新共同訳による)。

ここで、「静かにしていなさい」との理由として、二点があげられています。一つは、アダムが最初に造られ、それからエバ（イブ）が造られたとあります。『旧約聖書』の冒頭にある「創世記」に、その次第が描かれています。もう一つは、エバが神にそむき、罪を犯したという点です。女性には最初から、従属性と罪深さが刻印されているのです。

こうした女性観が、教団運営のもととなり、さらに社会全般に浸透して、女性たちの心に内面化していきます。中世を通して、聖書に示された女性像を自らの理想として生きた女性が多かったと想像できます。

(3) ルネサンス期

歴史事象としてのルネサンスは、14世紀イタリアにはじまり、16世紀にはヨーロッパ各地へと波及していった、大規模な文化的活動の総称です。哲学、文学、美術、建築、科学技術などに顕著な発展を遂げ、近代への扉を開きます。ルネサンスとは「再生」「復活」を意味するフランス語で、ルネサンスの根本精神はヒューマニズムです。すなわち、人間尊重、自我の自覚です。いわば、「神の座」に人間が取って代わったといえるでしょう。ルネサンスによって再発見された、人間性と理性の尊重、その成果としての学問・芸術は、ヨーロッパ近代精神の出発点をなしたと考えられます。

イタリア・ルネサンスの三巨匠といわれるのが、レオナルド・ダ・ヴィンチ、ミケランジェロ、ラファエロです。その他、ボッティチェリ、フラ・アンジェリコ、ティチアーノ、北方ルネサンスといわれる地域ではブリューゲル、ボッシュ、デューラー、クラナハなど、多くの芸術家が素晴らしい作品の数々を残しました。感動的な作品群です。

しかし、ここで気づくのは、描き、刻んでいるのは男性芸術家が多く、描かれているのは女性が多いということです。というより、当時知られた女性の芸術家はほとんど皆無といってもよいのです。人間の美を堂々と描くようになったにもかかわらず、モデルとして描かれた女性はいても、描いた女性はいないのです。

当時の女性たちには、そんなに才能がなかったのでしょうか。そうではないと思います。もし女性に才能があっても、それが引き出される機会がなく、女性が働く場もなかったのです。当時の芸術家は、若いころに師匠の工房に徒弟として住み込み、腕を磨いて独立していくというプロセスをたどりました。その工房に女性が入り込む余地はありませんでした。

もし女性が才能を伸ばせる時代であったら、レオナルド・ダ・ヴィンチのような女性がもっと出て、私たちは今の二倍の作品をもったかもしれません。しかし、そういうことはなく。残念ながら女性の才能は開花することもなく、歴史の深い闇のなかに沈んでしまったのです。

（4） 近代――フランス革命期

最後に近代のフランス革命期を取り上げます。女性の解放というテーマが思想としての形をとるようになるのは、18世紀のフランス革命期以降といわれます。

革命前のフランスの体制は、一般にアンシャン・レジーム（旧体制）と呼ばれ、政治的には絶対王政が支配し、社会的には身分制と領主制が存続していました。絶対王政のもとでは、政治権力は国王とその官僚機構に集中し、国家を構成する市民（公民）の基本的人権や参政権は確立されていませんでした。また、身分制としては、聖職者（第一身分）、貴族（第二身分）、平民（第三身分）の三者の区別が基本的で、前二者は免税特権をはじめとする各種の特権を与えられていましたが、平民は重税のもとであえいでいました。

それに対して、パリ市民が立ち上がりました。1789年７月14日のバスティーユ牢獄の襲撃です。アンシャン・レジームを打破すべく、パリ市民たちが自由・平等・博愛を掲げ蜂起したのです。翌月、革命の理念を表明する『人間および市民の権利の宣言（人権宣言）』が発せられます。

女性たちも果敢に革命に参加したことが知られています。路上での立会演説会や革命的クラブに参加したり、独自の組織を形成して活動したりしました。よく知られているのが、いわゆる「女たちの行進」です。

1789年10月５日、パリの市場の女性たち7000人が、ヴェルサイユへと行進を始めます。翌日、国王の一家は、小麦を積んだ車とともにパリに赴くことになり、まもなく議会もパリに移ります。これが、革命をさらに進展させることになったのです。その後、革命は進展し、国王夫妻の処刑、共和制の開始などへとつづきますが、こうしたなかで、異議申し立てをしたのが、詩人で劇作家のオランプ・ド・グージュ（1748－93年）でした。

彼女は、フランス南部に生まれ、17歳で結婚して息子を一人もうけますが、夫と死別後、パリに出て作家、詩人となりました。彼女は、『人権宣言』に謳われた「人間は生まれながらにして自由かつ平等な権利をもつ」というその

「人間」のなかに、女性が含まれていないことに気づいたのです。それは、その後に作られた法律で、女性の権利が剝奪されていることがわかったからです。
たとえば、『人権宣言』が議会で採択された数日後、選挙制度の構想が明らかになりますが、それは男子制限間接選挙で女性は一切、排除されていたのです。
そこで彼女は、1791年に『人権宣言』の女性版ともいえる『女性と女市民の権利宣言』を出版し、革命の自由と平等の原理を女性にも適用すべきであると主張しました。前文と17条から成るこの文書は、フランス革命期における女性の偉大なチャレンジとして非常に重要なので、一部を抜粋してご紹介したいと思います。

「前文

母親・娘・姉妹たち、国民の女性代表者たちは、国民議会の構成員となることを要求する。そして、女性の諸権利に対する無知、忘却、または軽視が、公の不幸と政府の腐敗の唯一の原因であることを考慮して、女性の譲りわたすことのできない神聖な自然的権利を、厳粛な宣言において提示することを決意した。この宣言が、社会全体のすべての構成員に絶えず示され、かれらの権利と義務を不断に想起させるように。女性市民の要求が、以後、簡潔で争いの余地のない原理に基づくことによって、つねに憲法と良俗の維持と万人の幸福に向かうように。

こうして、母性の苦痛のなかにある、美しさと勇気とに優れた女性が、最高存在の前に、かつ、その庇護のもとに、以下のような女性および女性市民の諸権利を承認し、宣言する。

第1条　女性は、自由なものとして生まれ、かつ、権利において男性と平等なものとして生存する。社会的差別は、共同体の利益にもとづくのでなければ、設けられない。

第3条　すべての主権の淵源は、本質的に国民にあり、国民とは、女性と男性の結合にほかならない。いかなる団体も、いかなる個人も、国民から明示的に発しない権威を行使することはできない。

第10条　何人も、たとえそれが根源的なものであっても、自分の意見について不安をもたらされることがあってはならない。女性は、処刑台にのぼる権利がある。同時に、女性は、その意見の表明が法律によって定められた公の秩序を乱さない限りにおいて、演壇にのぼる権利を持たなければならない。

第13条　公の武力の維持および行政の支出のための、女性と男性の租税の負担は平等である。女性は、すべての賦役とすべての激務に貢献する。したがって、女性は、〔男性と〕同等に、地位・雇用・負担・位階・産業に参加しなければならない」（辻村みよ子訳／辻村みよ子・金城清子『女性の権利の歴史』岩波書店）。

しかし、市民革命の成果を女性にも及ぼそうとした彼女の期待は、みごとに裏切られてしまいます。革命の中心者であったロベスピエールたちはこうした考えを理解せず、彼を批判したグージュは、出版から２年後の1793年、反革命の罪で処刑されてしまうのです。45歳の若さでした。「死刑台に上る権利がある」との言葉が実現してしまったのです。

革命後に成立した『ナポレオン法典』（1804年）では、妻は人格、財産、生活のすべてにおいて夫に管理されるという、夫権の絶対性、妻の服従規定が明文化されます。フランス革命の成果を定着させ、近代社会の基礎を築いたといわれるナポレオンですが、こと女性観に関しては、むしろ後戻りをしてしまったと考えられているのです。

ちなみにこの時期、活躍した女性画家がいたのは注目されます。ヴィジェ・ルブラン（1755－1843年）です。彼女は、12歳で画家の父を亡くしますが、父の画家仲間の引き立てで、十代で人気肖像画家となり、24歳で同い年のマリー・アントワネットと出会って以来、親しい友となり、10年間に30枚近くの王妃の肖像画を描きました。モデルの姿を端正に映した肖像画は優美かつ新鮮で、王妃は好んで彼女に肖像画を依頼したといいます。フランス革命勃発後は、外国に亡命し、画家として活躍しました。

またイギリスでは、同時期に、メアリ・ウルストンクラフト（1759－97年）が、『女性の権利の擁護』（1792年）を著しました。そこで彼女は、女性も男性と同じ理性をもつものであるとし、女性の教育権・市民権・公民権を認めることを要求したのです。また、女性も職業をもつことによって経済的に夫から独立することが必要であると主張しました。

ウルストンクラフトは今、高く評価されつつあります。ここで、井上洋子氏による評価をご紹介したいと思います。

「女性に対する『教育の機会均等、道徳的、知的存在としての自立、社会的偏見の除去、法の前の平等、婚姻における不平等の除去、就職の機会の保障、経済的自立、政治的権利の保障』など、その後の女性解放運動で主張されたさまざまな問題がほとんどすべて提出されており、『多様な問題を相互に対立させることなく、女性解放という１つの方向に集約させた』という点で現代においてもまだ前衛的な視角を保っている」（井上洋子『ジェンダーの西洋史』法律文化社）。

しかし、ウルストンクラフトは社会的な理解を得ることなく、38歳で早逝してしまいます。出産後まもなく、容体が急変したためでした。

フランス革命期に生きたグージュとウルストンクラフトは、その後、長い間、忘れられた思想家にとどまりました。しかし、昨今のフェミニズム、女性学の潮流のなかで再発見されたのです。本格的に女性解放の動きが起こるまであと一歩の時代でした。その前夜の産みの苦しみを体現したのが、この二人であったといってよいでしょう。

第２節　諸宗教にみる女性観

フェミニズム、女性学の展開にともない、従来の歴史、思想、文化などが、「女性の視点」から再検討されていますが、世界の諸宗教の女性観もまた、厳しい検証にさらされています。かつて宗教は、現代人が考える以上に大きな影響力をもっていました。ある宗教がその地域・時代をおおい、思想から社会制度、日常生活までを支配し、かげを落とすこともありました。

本書では、世界三大宗教といわれる仏教、キリスト教、イスラームについて検討します。

(1)　仏　教

仏教と一口にいっても、時代・地域によって内容も形式もさまざまですが、ここでは経典にみる女性観と日本仏教における女性の問題を概観したいと思います。

１．経典にみる女性観

⑴　**ブッダの女性観**　　仏教の創唱者であるゴータマ・シッダールタ（のちのブッダ）は、釈迦族の王シュッドーダナ（浄飯王）とマーヤー（摩耶）の子として、ルンビニーで誕生しました。生後７日目に母を失い、以後は継母マハーパジャーパティー夫人に育てられます。長じて、ヤシュダラーを妻とし、一子ラーフラをもうけますが、29歳で出家します。

６年間修行した後、35歳でブッダガヤの菩提樹下で悟りを得、５人の僧に向かってはじめての説法を行います（初転法輪）。その後、仏教教団（サンガ）を設立し、教化活動を行い、80歳で入滅します。

バラモンを頂点とするカースト制度で構成された当時の社会において、ブッダは人間の平等・無差別を説きました。すなわち、人間は生まれ、階級、男女の別、貴賤にかかわらずまったく平等であると考えたのです。

ブッダは、

「生れによって賤しい人となるのではない。生れによってバラモンとなるのではない。行為によって賤しい人ともなり、行為によってバラモンともなる」（中村元訳『スッタニパータ』岩波文庫）

と説いています。これはまさに画期的なことでした。こうしたカーストを超越した平等思想が、カースト制度と祭祀中心主義のバラモン教に飽きたらなかった一般民衆の心をとらえたと思われます。

⑵　**仏教教団における女性**　仏教教団も、原則的にこの平等観によって運営されていました。そこでは、具足戒を受けて一人前の出家者となってからの年数（法臘《ほうろう》）が何よりも尊重され、出自に関係なく出家の早いものが先輩であり、後輩は先輩に対して立って挨拶し、合掌し、礼拝しなければならなかったのです。

男女間についても、原則は同様です。宗教的悟りの面で平等とされたことは、

「このような車に乗る人は、女であれ、男であれ、実にこの車によって、ニルヴァーナの近くにいる」（中村元訳『サンユッタ・ニカーヤ』岩波文庫）

といった言葉にも表れています。

しかし、悟りの上では男女平等であるといっても、女性はいくつかの点で仏教教団から忌避されました。一つには、「誘惑者」として忌避されました。すなわち、出家して修行する僧にとって、修行を妨げる一番の邪魔者とされたのが女性の存在だったのです。

初期仏教において、出家者がたもつべき戒の中でも、不淫戒はとくに厳格なものでした。かれらは、人間の欲望のうちでとくに強いとされる性衝動を抑え、「独身禁欲の梵行（ブラフマ・チャリヤ）」とよばれる清浄行を実践しなければなりませんでした。この戒を犯して女性と交わった僧は、「パーラージカー」という最大の罪を犯したことになり、教団から追放されてしまうのです。教団に多くの修行僧をかかえるブッダが、かれらに対して女性や愛欲の害毒を語る

口調は激しく厳しいものです。

初期経典には、愛欲・婬欲を否定した箇所が随所にみられます。

「女の容色・かたち、女の味、女の触れられる部分、さらに女の香りなどに染着する者は、さまざまな苦しみを知る」（早島鏡正訳『テーラガーター』講談社）

「愛欲に駆り立てられた人々は、わなにかかった兎のように、ばたばたする。それ故に修行僧は、自己の離欲を望んで、愛欲を除き去れ」（中村元訳『ダンマパダ』岩波文庫）

といった具合です。

したがって、修行僧は、そうしたものに気をつけて修行しなければなりません。一番よいのは、そういう危険なものに近づかず、ひたすら避けることでしょう。

「愛する人と会うな。愛しない人とも会うな。愛する人に会わないのは苦しい。また愛しない人に会うのも苦しい。それ故に愛する人をつくるな。愛する人を失うのはわざわいである。愛する人も憎む人もいない人々には、わずらいの絆が存在しない」（前掲書）と。

そして、女性を避け、愛欲を断ったならば、悟りの世界が開けるとされるのです。このように、ブッダは、「誘惑者」としての女性を警戒し、徹底的に退けます。その語調の強さは、女性の魅力の大きさを知っていたことの裏返しであったとの指摘もあります。若き日、愛欲の魅力と空しさを体験したブッダは、魅力の大きさを知るがゆえに修行者にはそれを避けさせたともいえるでしょうか。

そこでブッダは、破滅の源である女性を避け、性愛を避け、男性だけで生活し修行をする教団を形成しました。人里離れた森林、洞窟、樹下、墓場、露地などに住み、少欲知足の質素な生活のなかで禅定修行をするという形態を確立したのです。周囲の町にいくら魅力的な女性がいようと、それらを避け、男性だけの教団にいる以上、不淫戒を犯す危険性は少なくなります。「誘惑者」の魔の手から逃れる確率は高くなったでしょう。ところが、その仏教教団に女性が参加してくることになります。女性が出家したのです。

最初に出家し尼僧になったのは、ブッダの継母であるマハーパジャーパティー夫人を筆頭とする女性たちでした。ブッダが釈迦国のカピラ城郊外に滞在したときに出家を願い出ますが、三度にわたり拒否されます。その後、ふたたび願い出た際、アーナンダ（阿難）が口添えしてくれて、出家が許されたといいます。ただし、女性の出家には次の八つの条件（八敬法《はちきょうほう》）を付しました。

①たとい出家して100年の経歴をもつ尼僧といえども、その日に資格を得た男僧に対して敬礼し、合掌し、うやうやしく迎えなければならない。

②尼僧は男僧のいない場所で雨安居《うあんご》してはならない。

③見習い期間中の尼僧には２年の間、特別な戒を守らせ、それを完全に成し遂げたときに出家が許される。

④どのようなことがあっても、尼僧は男僧を罵ったり、非難したりしてはならない。

⑤尼僧は半月ごとに、男僧から戒律の反省と説教を受けるべきである。

⑥尼僧は雨安居の後で男女両方の僧団に対して、修行の純潔のあかしを立てなければならない。

⑦尼僧が重大な罪を犯したときは、男女両方の僧団から半月の間、別居扱いを受けなければならない。

⑧尼僧の見習いは、２年の間、一定の修行をしたうえで、男女両方の僧団から一人前となる儀式を受けなければならない。

尼僧の出家については、さらに戒律の問題があります。戒律が整備されてくると、出家に際して受ける具足戒が、僧の250戒に対し、尼僧は348戒とされたのです。

「悟りは平等」というブッダの宣言にもかかわらず、実際の教団運営においては、女性は男性に従属した立場に置かれていました。女性であるというだけで、（法臘尊重にもかかわらず）年数にかかわりなく男性に敬礼するとか、同じ罪を犯したときの罰も女性の方が重いとかは、女性差別以外の何ものでもないと思われます。

たしかに、そうした面は否めませんが、思想はそれが置かれている時代・社会を勘案して検討されなければなりません。八敬法や戒律に表れるように、条件は男僧よりかなり厳しいとはいえ、悟りにおける男女平等が保証され、女性の出家が許されたことは、注目すべきことなのです。当時のインドの宗教界にあって、仏教が女性の出家を許可し、女性の聖職者の存在を認めたのは、異例なことでした。2000年以上も前に女性だけの宗教団体が成立したというのは、世界諸宗教のうちでも仏教のみといわれています。

当時、インドの伝統的な女性観においては、女性は家庭や夫に従属し、個としての生はほとんどなかったといってよいでしょう。夫が死亡したとき、その遺体を焼く炎の中に身を投じるサティーの習慣は、それを端的に表しています。

そうしたなか、出家という形で家庭を捨て、自らの救いを追求するという形態が成立しただけでも、画期的なことであったといえます。だからといって、実際上の差別が帳消しになるというわけではありませんが、時代制約性のなかで平等を貫こうとの初期仏教の志向はうかがえます。

⑶ 『テーリーガーター』にみる尼僧の悟り　出家に厳しい条件があり、戒律が多いにもかかわらず、数多くの女性が出家しました。初期の尼僧たちの詩を収めた『テーリーガーター（長老尼偈）』には、71名の長老尼の名がみられます。王族出身者23名、商家出身者13名、バラモン階級出身者18名、「遊女」４名などです、この71名の長老尼を頂点とする尼僧の数は相当なものであったと推定されます。

彼女たちが出家した理由はさまざまです。子どもを亡くした女性、夫の暴力に堪えきれなくなった女性、夫と死別して身寄りがない女性、近親相姦に気づき逃げ出してきた女性など、一人一人にドラマがありました。女性蔑視の社会のなかで耐え忍んで生きることを強いられた女性たちが、出家して男性と平等に修行ができることは、画期的なことでした。戒律は厳しくても、誰にも従属しない自分自身の生を生きられることになったのです。

『テーリーガーター』には、尼僧たちの力強い悟りの確信があふれています。なかでも、バラモンの娘であったソーマー尼のものは、性差別に反論したものとして注目されます。

「わたしたちのうちで、心がよく安定し、そして智慧が現に生じているとき、正しく真理を観察する者にとって、どうして、女性であることが、妨げとなろうか？　喜びは、いたるところで滅ぼされ、無知の塊は砕かれた。悪魔よ、なんじは、このとおりだと知るがよい。滅ぼす者よ、なんじは打ちまかされている」（早嶋鏡正訳『テーリーガーター』講談社）

と。

またブッダは、「遊女」も差別なく教団に迎え入れています。もと「遊女」であったヴィマラー尼は、

「我が身の容色と幸運と名声を誇り、かてて加えて、年の若さをたのんだ私は、他の女性たちを見下していた。……そのわたしが、いまや、頭を剃り、重衣をまとって、托鉢のために出かけ、そして、なんらの省察作用もおこさぬ者として、樹の下に坐っている。天界と人間界のすべての軛を絶ち、すべてのけがれを捨てて、わたしは清涼となり、安らぎを得ている」（前掲書）

と語っています。

こうした尼僧たちの悟りの体験は、長老たちの『テーラガーター（長老偈）』に述べられたものと比べて遜色がないものです。ここには、男性であろうと女性であろうと、ブッダに帰依し修行すれば、悟りに到達できるとの喜びがあふれています。このような女性による文献が残されていること自体、悟りにおける男女平等の一つの証左といえるでしょう。当時の女性が置かれていた社会状況を考えると、まったく掛け離れた世界であるといってよいでしょう。

このように、出家した尼僧たちの喜びは『テーリーガーター』を埋めつくしていますが、出家できない多くの一般女性たちは、相変わらず男性への従属や愛欲のしがらみの下で苦しんでいました。出家仏教である初期仏教においては、在家の女性たちの救いが中心的なものと考えられていなかったことは事実です。「悟りは平等」というブッダの思想も、わずか教団内でのみ通用することであり、社会通念を変えるところまでは至らなかったのです。

ブッダ死後、尼僧教団に対する考え方も変化します。女性の出家を許した後、ブッダは次のようにいったと伝えられています。

「アーナンダ、女性が出家しなかったならば、梵行は永遠に守られて行くだろう。正法は千年の間、世間に流布するだろう。だが、じつのところ、アーナンダ、いま女性の出家を認めてしまったからには、正法は半分の五百年くらいしか世間に流布しないだろう。たとえば、女性が多い家というのは、盗人や強盗に荒らされやすいだろう。そのように、女性の出家者がいる教団では、梵行はながく続かないだろう」（田上大秀訳『律蔵』四、『南伝大蔵経』第四巻）

と。

実際このような対話があったかどうかは疑わしいといいます。この文献が記されたのはブッダ滅後2、300年であり、弟子たちが自らの意見を付加して伝えたものともいわれています。ブッダ滅後に、尼僧の存在をよく思わない男僧が、自らの本心をブッダの言葉として残したものではないかと推察できます。

時代を経るにしたがってブッダの精神は薄れ、男僧たちの思いがブッダの言葉として経典に記されるようになりました。しまいには、ブッダの思想とは似ても似つかない女性差別的、女性蔑視的思想が形成されるようになったのです。

2．大乗仏教の女性観

西暦紀元前後に、新たな仏教運動が展開されます。在家者を中心とした大乗仏教運動です。これは、社会生活を営む在家者を担い手とするため、当時の社会の思想から直接的な影響を受けました。女性観についても、当時のヒンドゥー社会の女性蔑視的な思想を色濃く反映しました。同時に、誰もが悟りを得られるという仏教思想をどのように扱うかが問題になります。

そうしたなか、女人五障説がいわれるようになります。女人五障説は、女性がなることのできない五種の身分を定めたもので、紀元前３世紀後半～１世紀にかけて出現したと考えられています。内容は経典によって若干の違いはありますが、たとえば『法華経』では、「梵天王・帝釈・魔王・転輪聖王・仏身」の五者があげられています。このうち、梵天王とは大梵天王のことで、仏法守護の神で娑婆世界の主とされ、帝釈とは帝釈天のことで、これも仏法を守護する諸天善神の一人です。

魔王とは他化自在天といわれる第六天の魔王のことで仏道を成ずるのを妨げ、精気を奪うことを楽しみとするので奪命ともいわれます。転輪聖王とは、輪王ともいい、武力を用いず正法をもって全世界を統治するとされる理想の王のことです。この４つはヒンドゥーの思想に由来します。

最後の仏身とは仏のことであり、これによると人類の半分を占める女性を仏教の悟りから締め出したことになります。ブッダのオリジナルな男女平等思想とは相いれないものであり、後世の男僧たちが経典に付加した思想であったと考えられます。

大乗仏教にとっては、このような女性差別思想をどのように取り扱い、その女性観に組み込んでいくかが課題となってきます。そこで出現したのが、阿弥陀如来の本願の一つとしての「女人往生」を説く『無量寿経』や『大阿弥陀経』、「空」の法理により、男女の区別にとらわれること自体が迷いであるとする『維摩経』、そして「竜女の成仏」を説く『宝積経』、『大集経』、『般若経』、『法華経』などの経典です。

なかでも女性の成仏をもっとも簡明に説いている経典は、『法華経』であり、そのなかの「提婆達多品第一二」です。そこに描かれている「女人成仏」の次第は、以下の通りです（松濤城廉他訳『大乗仏典』第５巻、中央公論社から一部を抜粋、要約）。

海の真中にあるサーガラ龍王の宮殿から帰ってきたマンジュシリー（文殊師利）が、王の宮殿で「法華経」を説いたというと、智積菩薩が、「その経典は非常に深遠にして玄妙な、見きわめがたいもので、他の経典でこの経典と対等のものは何一つありません。この経典の宝玉を会得し、この上ない正しい菩提をさとることのできる衆生がだれかいるのですか」と訊ねる。

すると、マンジュシリーは、「いるのです。サーガラ龍王の娘で当年とって八歳なのですが、知恵にすぐれ、感官の力は鋭敏で、最高の智慧をもち、身体と言葉と心の所行は完全無欠で……悟りを求める心をひるませることなく、大きく誓願をもち、すべての衆生に愛情をそそぎ、しかも功徳を発揮することができるとともに、これらに欠けるところはなかった。彼女は清らかな色の蓮華の相を具えた顔を微笑ませ、心は慈しみ深く、そして憐れみ深い言葉を語った。彼女は完全なさとりを悟る能力を具えている」と答える。

それに対し、智積菩薩が疑問を投げかける。「尊い釈迦牟尼如来でさえ、さとりを達成しようとして菩薩であったとき数々の福徳ある所行をされたばかりでなく、幾千劫という長いあいだ努め励んで、一度として心がくじけることはなかった。そして、人々の幸福のために身命を捨ててこられた。そのあとで漸くさとりを達成された。サーガラ龍王の娘が一瞬のうちにこの上なく完全なさとりを悟ることができたと、だれがそのようなことを信じましょうか」。

すると、そのとき、龍王の娘が世尊の前に立ち、仏を讃え、しかも「妾の望みのままに、妾はさとりに到達した。如来は妾にとって証人である」という。

仏弟子の中で智慧第一といわれるシャーリプトラ（舎利弗）がサーガラ龍王の娘に語る。

「良家の娘よ、そなたがさとりを達成しようと志し、ひるむことなく努め、測り知られぬほどの理智を持っているとしても完全なさとりは誠に得がたいのだ。婦女子が努め励む心を挫かせることなく幾百劫・幾千劫のあいだ福徳ある所行をし、六波羅蜜を完成したとしても、今日まで仏の境界が得られたことはない。何故かといえば、婦女子は今日に至るまで次の五種の地位を得たことはない。五つとは何であるかといえば、第一は梵天の地位、第二は帝釈天の地位、第三は大王の地位、第四は転輪聖王の地位、そして第五は不退転の菩薩の地位である」。

そのとき、龍王の娘は三千大千世界の価値に相当する宝珠を一つ持っていたが、彼女はそれを世尊に献上した。そして、世尊がそれを嘉納したことを確認すると彼女はシャーリプトラに向かって、「尊者よ、妾がさとりを達成して仏の持つ偉大な神通力を具えているとすれば、妾は世尊より速くさとりに到達するでありましょう。そうすれば、この宝珠を受け取る方はいないでしょう」という。

すると、そのときサーガラ龍王の娘は、世の人々の見ているところで、また長老シャーリプトラの眼の前で彼女の女性の性器は消えて男性の性器が生じ、みずから菩薩になったことを示した。彼女は南方に赴きヴィマラー（無垢）世界において仏となり、光明で十方を照らして教えを説いている姿が見られた。

以上です。ここでは、男尊女卑の主張を舎利弗に語らせ、男女平等の主張を文殊師利に語らせています。竜女は、女性の体をひとたび男性に転じて、その後に成仏することを身をもって示しています。男性に変わってから成仏することを「変成男子《へんじょうなんし》」といいます。これが、仏教の性差別の一つとしてあげられる点です。そういう面があるとともに、それでも女人成仏を説いたことの意義を強調する研究者もいます。当時、まだ弱小であった教団がストレートに女人成仏を説くことの危険性から、あえてそのような妥協的な説を説いたというのです。この思想は、仏教が中国、日本へと伝来するなかで継承されます。

3．日本における仏教

仏教は日本には６世紀に伝来しますが、注目すべきことに、日本初の出家者は３人の女性で、当時の出家者は男性よりも女性が多かったのです。これは、日本の権力者が、日本古来の女性シャーマン思想の文脈で異国の宗教を採り入れたためではないかと考えられています。

その後、奈良時代には男女の出家者が活動するようになりますが、律令制下の仏教においては男女の僧侶の取扱いにほぼ差別はないことが、『僧尼令《そうにりょう》』などにより知られています。

しかし、平安時代に入ると、仏教の制度化が進展するにともない、国家仏教としての公的な部分を男僧が担う傾向が強まり、尼僧の公的役割が後退していくのです。たとえば、尼僧の公式得度の機会が減少し、国家法会から尼僧が排除されます。さらに、天台・真言が示した官僧の資格についての制度である「年分度者制」が長期にわたる籠山修行を条件としていたために、女性が締め出されることになりました。

その後、公式の尼僧の数は著しく減少し、従来の尼寺も廃寺になったり僧寺に変わったりしました。これらの背景には、日本古来の女性のシャーマン的な資質が重要視されなくなったことや、男女の別と男性優位を説く儒教倫理が導入されたこと、社会経済的に家父長制が行われるようになったことがあげられるでしょう。

⑴　**女人禁制**　　その頃、成立したのが、「女人禁制（結界）」です。これは、女性を聖域から排除する思想・制度で、９世紀に初見され、11世紀初頭に明瞭な形で現れます。東大寺、比叡山延暦寺、高野山金剛峯寺などの主要な寺院がこの制度を採用しました。

その正当化の論理としては、①「誘惑者」としての女性の忌避、②宗教的資格の欠如（女人五障説）、③穢《けが》れの思想（女身垢穢）があげられます。①、②についてはすでに述べました。③は仏教そのものではなく、日本古来の神道に由来するものです。すなわち、日本独特の「穢れ」の思想が仏教に取り込まれ、女性を穢れた存在と位置づけ、聖域からの女性排除に向かったのです。

穢れの観念は「罪」と「災い」とともに日本古代の不浄観念を構成するものであり、それに対しては「忌み」が行われます。古代においては、死や出血や出産などの異常な生理的事態は、説明のつかない危機的状況としてとらえられました。それらを客体化したものが穢れといえるでしょう。

穢れの特徴は、呪的な強い伝染力をもつとされる点で、そこから触穢《しょくえ》思想も出てきます。それを避けるためには、それを隔離し、触れないことです。万一触れてしまったら、水や塩などで浄化する必要があるとされます。

穢れには、男女ともに該当する死穢とならんで、女性特有の血穢（経血）、産穢があるとされます。本来は、月経時や出産時など、特殊な時期にのみ穢れがいわれ、生活の場を移したりしますが、それが過ぎると元の生活に戻り、穢れも清められました。しかし、平安期頃からは、仏教思想とあいまって、女性そのものを穢れた存在と捉えるようになったのです。一時的・限定的なタブーが、永続的・恒常的なタブーへと転換したといえます。

女人禁制が成立した当時の女性たちは、こうした措置に対してどのような態度をとったのでしょうか。この頃、貴族たちの間では仏教をテーマとした和歌（釈教歌）が流行しますが、その中に女人禁制をうたった和歌もあります。

たとえば和泉式部は、「家のまへを、法師の女郎花を持てとをりけるを、『いづくへゆくぞ』ととはせければ、『ひえの山の念仏の立花になんもてまかる』といひければ、むすびつけける」とし、「名にしおはば五つのさはりあるものを羨ましくものぼる花かな」とよんでいます。女人禁制であった比叡山に「女」の字がつく女郎花でさえ登ることができるのに、自分は五障の身ゆえ登ることができないという歌です。登れない霊山へのあこがれとせつなさにあふれた一首です。

さらに、清少納言の『枕草子』71段には次の記述があります。「おぼつかなきもの。12年の山籠りの女親」。すなわち、はっきりしなくて不安なものは、12年の比叡山籠もりをしている法師の女親である。女親は、12年間下山できない修行僧の息子を心配に思っても、女人禁制で登山できなかったからであると。淡々とした記述です。もし、清少納言が女人禁制を差別として深刻に捉えていたとすれば、「くちおしきもの」や「あさましきもの」としたかもしれませんが、それもありません。これらは、当時の貴族の女性たちが、この制度を当然のものとして受容していたことをうかがわせます。

むしろ、『源氏物語』や『枕草子』で目立つのは、結界しない寺院への参詣や山籠の様子です。当時、平地の寺院のなかには、女人禁制を定めないものもありました。長谷寺、石山寺、清水寺などです。彼女たちはそこに参詣することで満足したのでしょう。さらに代替寺院としては、女性たちが高野山の代わりに入山修行した奈良の室生寺や大阪の金剛寺があり、それらは「女人高野」の異称があります。高野山や比叡山に登らなくても、いわば「抜け道」があったということでしょう。

もう一つの抜け道としては、結界された山への「死後納骨」があります。これは、先に述べた変成男子説に基づき、特定の女性たちに便宜がはかられた例です。生きているうちに「変成男子」を実現するのは不可能です。「男子に成る」一つの形態が女性の命といわれる髪を剃っての出家でしたが、もう一つの形態は、死んで骨になることでした。亡くなった後の骨は性別にはかかわらないと考えられていたのです。それに基づいて、女人禁制の寺院でも、有力者の家の女性の納骨（納髪）の事例はしばしばみられたといいます。

さらにもう一つの抜け道は、寺院周辺の「里坊」の存在です。女人禁制をしいた霊山のふもとには、男僧の母や姉妹たちが居住するようになりましたが、それが里坊です。山上では男僧が修行を行い、これらの女性たちが僧衣の縫製、染色、洗濯や、食料の調達などを引き受けてそれを支えました。里坊は、いわば聖と俗の接点でした。これらの女性たちは、生前は家族であった男僧たちを支え、死後は骨となって山上に葬られたのです。

それに対して、女人禁制の措置に対して抵抗した女性がいたことも知られています。たとえば、大峰山の都藍尼《とらんに》、白山の融《とおる》の姥《うば》、立山の止宇呂《とうろ》などは、禁制を犯して結界内に立ち入ろうとしたとされます。しかし、彼女たちはあるいは仏罰で石に化し、あるいは悪天候にさえぎられ命を落とすなど、一人も成功せず、禁制を犯すことの恐ろしさを語る伝説のもととなってしまっているのです。

平安期に成立した女人禁制は、歴史が下るにつれてしだいに強化され、女性の穢れ観の強化ともあいまって定着していきます。山岳寺院を中心に結界する山も増大し、また、神仏習合とあいまって神社のなかにもそれを採用するものが出てきます。さらにこの思想は、信仰の霊場のみならず社会生活全般に影響を及ぼしていくのです。

女人禁制がようやく解かれたのは、1872（明治５）年の太政官布告によってであり、同年に女性の富士登山も許可されました。これは、男女平等の視点からの措置ではなく、明治政府の宗教政策の一環でした。1904（明治37）年には高野山の女人禁制が解除されています。しかし、現在も依然として女人結界を解かない霊山も存在します。修験道の聖地とされる奈良県の大峰山、岡山・兵庫両県の県境にある後山などがそれです。また、出羽三山神社は、1993（平成５）年に、開山1400年を期してはじめて女性山伏に開放されました。

このように、女人禁制は決して過去の話ではなく、現代まで連綿とつづくホットな話題なのです。そうした考え方が、霊山のみならず、トンネル工事や相撲の土俵、酒造りなど生活の諸局面にも残っていることを考えると、この問題はきわめて現代的なテーマであり、その解体は「女性解放」のテコとなりうるのです。

⑵　鎌倉仏教における女性観　　最後に、鎌倉仏教の祖師たちの女性観を一瞥

してみましょう。中世において日本仏教は大きな転換期を迎えます。法然、親鸞、道元、日蓮らが活発に活動し、易行を中心としたいわゆる新仏教が一般民衆間に流布していきます。

そうしたなかで、仏教と女性をめぐる問題も新たな局面を迎えます。まず、寺院における女性の状況が大きく変化しました。尼層が国家法会など公的立場から排除される一方で、貴族の女性たちの私的出家が多くみられるようになります。また、有力寺院で始まった女人禁制も引きつづき行われ、女性の「穢れ」がますます強調されるようになっていきます。

この時期、仏教が世俗を生きる女性たちにも浸透し、世間一般にも「女人禁制」、「女人不成仏」、「穢れ」等の思想がひたひたと迫り、内面化されていったのです。ここでは、親鸞、道元、日蓮の女性観を取り上げます。

①親鸞の女性観

親鸞は、法然の女人往生思想を継承し、弥陀による他力本願的な女人往生を説きました。法然は、四十八誓願中の第三十五女人往生願にすがれば、女性も弥陀の力によって浄土に生ずることができる（女人往生）としましたが、親鸞も基本的にはその立場をとります。

また親鸞は、「女犯の夢告」を説き、恵信尼という妻とともに暮らすという、当時の僧侶としては特異な生涯をすごしました。そこで、当然、女性についての論述も多いと推察されるのですが、案に相違して、親鸞の著作の中には、女人成仏・女人往生や五障三従、変成男子をめぐる議論はほとんどみられません。

数少ないなかで、『浄土和讃』「大経意」第十首に「諸仏の大悲ふかければ　仏智の不思議をあらわして　変成男子の願をたて　女人成仏ちかひたり」（『定本　親鸞聖人全集』第二巻）とあります。これは、「三十五の願のこゝろなり」とあることから、『大経』第三十五願によってうたわれたものであることは明らかです。

親鸞の女人成仏思想は、弥陀の第三十五願をささえとした「変成男子」の往生でした。また、『浄土高僧和讃』「善導大師」第三首では、「弥陀の名願によらざれば　百千万劫すぐれども　いつつのさはりはなれねば　女身をいかでか転ずべき」（前掲書）とうたわれます。これは、諸経の女性蔑視や女人五障説も否定せず、「業の深い」女性だからこそただ阿弥陀の慈悲にすがって往生しようとする他力本願の思想であるといえます。

これ以外には、女性についてはとくに取り上げて詳説することがなく、消息文にも女性の往生・成仏を説いた文は一つもなく、女性信徒にそうした点を説いた例もありません。親鸞は基本的には女人往生を語らなかったとみるべきではないかとの指摘もあります（安藤文雄）。

②道元の女性観

次に道元は、初期には徹底した男女平等論を説き、女人五障説や女人禁制を破折したことが知られています。たとえば『正法眼蔵』には、

「虚空は虚空なり。四大は四大なり、五蘊は五蘊なり、女流もまたかくのごとし。得道はいづれも得道す、ただしいづれも得法を敬重すべし、男女を論ずることなかれ。これ仏道極妙の法則なり」（大久保道舟編『道元禅師全集』上巻）

などと、得法における男女平等が説かれています。

また、女人禁制に対しては、当時の比叡山や高野山などの「女人差別」に対し、

「又日本国ニヒトツノワラヒゴトアリ。イハユル、或ハ結界ノ地ト称シ、アルイハ大乗の道場ト称シテ、比丘尼・女人等ヲ来入セシメズ。邪風ヒサシクツタハレテ、ヒトワキマフルコトナシ」（前掲書）

として痛烈なまでに批判しています。

しかし道元は、永平寺に入った頃から女人成仏論を捨て、出家至上主義の傾向を強めていきます。

「衆生の得道、かならず出家受戒によるなり。おほよそ出家受戒の功徳、すなはち諸仏の常法なるがゆえに、その功徳無量なり。聖教のなかに在家成仏の説あれど、正伝にあらず。女身成仏の説あれど、またこれ正伝にあらず。仏祖正伝するは、出家成仏なり」（前掲書）

としてかつての言を自ら否定してしまうのです。その過程には、差別思想に共通するエリート意識がうかがわれます。「聖域永平寺での道元の著作から、再

び女人往生論は生まれることはなかった」（小栗純子『女人往生　日本史にみる女の救い』人文書院）との指摘があります。

③日蓮の女性観

日蓮は、従来の仏教の女性観を否定し、男女を成仏の可能性すなわち宗教的資格という点で差別していないように思われます。「女性と仏教に関する姿勢は、鎌倉仏教の開祖のなかでもっとも進歩的」（小栗純子）といわれ、生涯にわたり女人成仏を主張し、説きつづけました。日蓮の活動で目立つことは、女性の信徒が多く、女性あての書簡も非常に多いことです。

諸経の女性観を否定し、女人成仏を強調する根拠となるのが、「法華経提婆達多品第一二」に説かれた竜女の成仏でした。竜女の成仏を手本として、一切女人の成仏が保証されるのです。

日蓮は、法華経を読み、

「竜女成仏は末代の女人の成仏往生の道をふみあけたるなるべし」（「開目抄」『日蓮大聖人御書全集』創価学会。以下『御書全集』と略記）。

と、竜女成仏を一切の女人の成仏の手本ととらえ、それを広く宣揚しました。

また日蓮は、女人五障説や三従説も明確に否定します。たとえば、光日尼に対する消息文の中で、

「三つのつな〔綱〕は今生に切れぬ五つのさわり〔障〕はすでにはれぬらむ、心の月くもりなく身のあか〔垢〕きへはてぬ、即身の仏なり・たうとし・たうとし」（『御書全集』「光日尼御返事」）

と明快に論破するのです。

また

「女人には五障三従と云う事有るが故に罪深しと見えたり、……加様に内典・外典にも嫌はれたる女人の身なれども此の経を読まねども・かかねども身と口と意とにうけ持ちて殊に口に南無妙法蓮華経と唱へ奉る女人は在世の竜女・憍曇弥・耶輸陀羅女の如くに・やすやすと仏になるべし」（『御書全集』「法華初心成仏抄」）

と。

このように、当時広く流布していた五障三従説を、日蓮は法華経ゆえに論破しているのです。

日蓮に特徴的なのは、宗教的男女平等思想を明確に宣言したことです。女性であるがゆえに成仏できないというのは、多くの経典の説くところですが、日蓮は身体の差異は仏教的救いにおいては何の障害にもならないと明言したのです。日蓮は、こうした女人成仏論を基盤に、救いにおける男女平等を主張していきます。

女性が男性と平等、あるいは男性をも超えるのは、あくまでその人が「法華経の行者」として、つまり法華経の信仰者として立った場合とされているのです。

「末法にして妙法蓮華経の五字を弘めん者は男女はきらうべからず、皆地涌の菩薩の出現に非ずんば唱へがたき題目なり」(『御書全集』「諸法実相抄」)、「此の法華経計〔ばか〕りに此の経を持つ女人は一切の女人に・すぎたるのみならず一切の男子に・こえたりとみえて候」(『御書全集』「四条金吾殿女房御返事」)

など、法華経をたもち、弘めゆく女性が賛嘆されています。

さて、女人成仏をめぐりきわめて重要な点の一つは、日本仏教が女性を宗教的に排除する根拠となった「穢れ」についての考え方です。日本古来の不浄観である「穢れ」の概念は、平安中期頃から流布し、中世にはますますさかんになっていました。男女共通の死の穢れ(死穢)とならんで、女性には出産の穢れ(産穢)、月経の穢れ(経穢)がいわれ、しだいに女性そのものが不浄であるとされていったのです。

こうした穢れ観は日蓮の女性信徒たちにも色濃く影を落とし、修行における不安となって表れます。たとえば、大学三郎女房が、社会通念によって月経を不浄・穢れと考えて悩み、月経時の信仰の仕方はどうしたらよいと日蓮に相談したことがあります。その返事が「月水御書」です。

日蓮は、

「又御消息の状に云く日ごとに三度づつ七つの文字を拝しまいらせ候事と、南無一乗妙典と一万遍申し候事とを日ごとにし候が、例の事に成って候程は御経をよみまいらせ候はず、拝しまいらせ候事も一乗妙典と申し候事も・そらにし候は苦しかるまじくや候らん、それも例の事の日数の程は叶うまじくや候らん、いく日ばかりにて・よみまいらせ候はんずる」（『御書全集』「月水御書」）

と問う大学三郎の妻に対して、

「此の段は一切の女人ごとの御不審に常に問せ給い候御事にて侍り、又古へも女人の御不審について申したる人も多く候へども一代聖教にさして説かれたる処のなきかの故に証文分明に出したる人もおはせず」

とします。そして、日蓮の考え方として、

「日蓮粗聖教を見候にも酒肉・五辛・婬事なんどの様に不浄を分明に月日をさして禁めたる様に月水をいみたる経論を未だ勘へず候なり、在世の時多く盛んの女人・尼になり仏法を行ぜしかども月水の時と申して嫌はれたる事なし、是をもって推し量り侍るに月水と申す物は外より来れる不浄にもあらず、只女人のくせかたわ生死の種を継ぐべき理にや、又長病の様なる物なり例せば屎尿なんどは人の身より出れども能く浄くなしぬれば別にいみもなし是体〔これてい〕に侍る事か」（前掲書）

と明快に否定しているのです。ここには、ある種、科学的・合理的な態度がみられますが、時代的なことを考えると、まさに画期的な考えであるといえるでしょう。

法華経を信仰の核心におく日蓮は、その竜女成仏論を根拠に、宗教的な救いにおいては男も女も平等であると宣言しました。日蓮の思いは、男女とも同じく救われるべき存在であるという、しごく当然なものでした。しかし、当時の仏教思想、社会状況のなかでは異質なものであったことでしょう。

日蓮は、そうした風潮のなか、従来の仏教の女性観をことごとく否定し、破棄し去りました。その根拠は法華経における竜女成仏であり、しかも即身成仏説をとり、変成男子説はとりませんでした。ブッダも男女平等を説いた、法華経もそうであったと解釈し、その思想を中世日本で宣言したのが日蓮だったのです。

以上、見てきたように、仏教史をひもとくと、多くの場面で仏教の思想や制度が女性を差別し、抑圧してきたのは確かです。仏教の女性観をめぐって主として批判される点は、「女性は梵天王、帝釈、魔王、転輪聖王、仏になれない」（経典によって若干の相違あり）とする「女人五障説」、男性に変身しなくては成仏できないとする「変成男子説」、日本などで行われた女性を寺社などの聖域から締め出す「女人禁制（女人結界）」などです。

しかし、そのなかにもブッダ自身の男女平等観、『法華経』における竜女の成仏、日蓮の女人成仏論などに脈々と流れてきた一筋の女性解放思想の系譜が存在したことがわかります。そして、その系譜は現代にまでたどることができるのです。仏教でいう「一切衆生」の「衆生」には、女性も含まれていたといえるでしょう。

しかし、現実の歴史のなかでは、さまざまな歴史的・社会的状況に対応するために、オリジナルな思想が変容してしまうことがあります。「思想の譲歩」ともいうべき陥穽です。これは宗教のみならず、思想全般にいえることで、各宗教の女性観を考察する際にも心しておかなければならない問題です。

（2）キリスト教

キリスト教は、ナザレのイエスをキリスト（救世主）と認め、信じる宗教です。紀元前後に誕生したイエスはエルサレムで十字架刑に処されますが、復活したと信じられます。弟子たちによる布教活動ははじめ迫害されますが、4世紀にはキリスト教はローマ帝国の国教となり、その後世界に広く流布します。

『旧約聖書』『新約聖書』を聖典とし、三位一体説（「父なる神、子なる神、聖霊なる神」）をとります。11世紀にはローマ・カトリック教会とギリシャ正教会に分かれ、さらに16世紀の宗教改革によってプロテスタント諸教会が成立しました。

1．聖書にみる女性観

聖書に登場する多くの女性のうち、ここでは、『旧約聖書』に登場するイブと、『新約聖書』に登場するイエスの母マリア、イエスの弟子のマグダラのマリアを取り上げます。

⑴　**イブ論**　『旧約聖書』においては、最初の女性（イブ）は男性（アダム）の肋骨の一部からつくられたとされ、また、蛇の誘惑に負けて禁断の実を食べて人間の原罪の起源となったとされます。生まれながらに女性に劣性が刻印されているのです。

「創世記」には、創造主である神がこの世のあらゆるものを造り、最終日の６日目に神の「似姿」で最初の人間を造ったとあります。まず男性アダムを造り、その後、

「主なる神は言われた。『人が独りでいるのは良くない。彼に合う助ける者を造ろう。』」（「創世記」２：18）

と、女性イブを造ります。

「主なる神はそこで、人を深い眠りに落とされた。人が眠り込むと、あばら骨の一部を抜き取り、その跡を肉でふさがれた。そして、人から抜き取ったあばら骨で女を造り上げられた。主なる神が彼女を人のところへ連れて来られると、人は言った。『ついに、これこそ／わたしの骨の骨／わたしの肉の肉。これをこそ、女（イシャー）と呼ぼう／まさに、男（イシュ）から取られたものだから。』」（「創世記」２：21-23）

「神は御自分にかたどって人を創造された。神にかたどって創造された。男と女に創造された。神は彼らを祝福して言われた。『産めよ、増えよ、地に満ちて地を従わせよ。海の魚、空の鳥、地の上を這う生き物をすべて支配せよ。』」（「創世記」１：27-28）

しかし、神は二人に一つのことを禁じました。それは、リンゴといわれる知恵の実を食べることです。二人はしばらくは神のいいつけを守って暮らしますが、イブはその実が気になってしかたがありません。「食べるな」といわれると食べたくなるのが人間というものでしょう。ある日、イブが木のそばに行く

と、蛇が食べるようにそそのかします。イブはついにその実を食べてしまい、アダムにも食べさせます。それに気づいた神は、二人と蛇に罰を与えるのです。

「神は女に向かって言われた。『お前のはらみの苦しみを大きなものにする。お前は、苦しんで子を産む。お前は男を求め／彼はお前を支配する。』」「創世記」3：16）

そして、

「神はアダムに向かって言われた『お前は女の声に従い／取って食べるなと命じた木から食べた。お前のゆえに、土は呪われるものとなった。お前は、生涯食べ物を得ようと苦しむ。』」（「創世記」3：17）

と。ここでは、イブはアダムに従属し、産む苦しみを与えられたとされています。こうした女性観は、『新約聖書』にも貫かれます。

「ここであなたがたに知っておいてほしいのは、すべての男の頭はキリスト、女の頭は男、そしてキリストの頭は神であるということです。……男は神の姿と栄光を映す者ですから、頭に物をかぶるべきではありません。しかし、女は男の栄光を映す者です。というのは、男が女から出て来たのではなく、女が男から出て来たのだし、男が女のために造られたのではなく、女が男のために造られたのだからです。」（「コリントの信徒への手紙一」11：1-9）

「婦人は、静かに、全く従順に学ぶべきです。婦人が教えたり、男の上に立ったりするのを、わたしは許しません。むしろ、静かにしているべきです。なぜならば、アダムが最初に造られ、それからエバが造られたからです。しかも、アダムはだまされませんでしたが、女はだまされて、罪を犯してしまいました。しかし婦人は、信仰と愛と清さを保ち続け、貞淑であるならば、子を産むことによって救われます。」（「テモテへの手紙一」2：11-15）

「妻たちよ、主に仕えるように、自分の夫に仕えなさい。キリストが教会の頭であり、自らその体の救い主であるように、夫は妻の頭だからです。また、教会がキリストに仕えるように、妻もすべての面で夫に仕えるべきです。」（「エフェソの信徒への手紙」5：22-24）

そして、こうした女性観は、広く社会にも影響を与えたのです。

「説教文学や聖書を素材にした文学作品（たとえばミルトンの『失楽園』）は、二次的存在、最初に誘惑された人間、男を誘惑する女というエバのイメージを広く作り上げる要因として、何世紀にもわたって作用してきて、その陰はエバの末裔、すなわち女性たちを苦しめているのである」（エリザベート・ゴスマン他編『女性の視点によるキリスト教神学事典』日本キリスト教団出版局）

との指摘があります。

⑵　**マリア論**　イエスの母マリアは、聖書では特別な女性として描かれています。イエスの誕生の経緯は、聖書によれば以下の通りです。

「イエス・キリストの誕生の次第は次のようであった。母マリアはヨセフと婚約していたが、二人が一緒になる前に、聖霊によって身ごもっていることが明らかになった。夫ヨセフは正しい人であったので、マリアのことを表ざたにするのを望まず、ひそかに縁を切ろうと決心した。

　このように考えていると、主の天使が夢に現れて言った。『ダビデの子ヨセフ、恐れず妻マリアを迎え入れなさい。マリアの胎の子は聖霊によって宿ったのである。マリアは男の子を産む。その子をイエスと名付けなさい。この子は自分の民を罪から救うからである。』

　このすべてのことが起こったのは、主が預言者を通して言われていたことが実現するためであった。『見よ、おとめが身ごもって男の子を産む。その名はインマヌエルと呼ばれる。』この名は、『神は我々と共におられる』という意味である。

　ヨセフは眠りから覚めると、主の天使が命じたとおり、妻を迎え入れ、男の子が生まれるまでマリアと関係することはなかった。そして、その子をイエスと名付けた。」（「マタイによる福音書」1：18-25）

このように、ヨセフと婚約していたマリアのもとに大天使ガブリエルが訪れ、神の子を身ごもったと告げる場面――受胎告知――は、多くの画家が好んで描いています。マリアは、その告知を静かに受け入れます。

「マリアは言った。『わたしは主のはしためです。お言葉どおり、この身に成りますように。』そこで、天使は去って行った。」（「ルカによる福音書」1：38）

教会は、マリアの特質を４点にわたって定めています。①「神の母（テオトコス）」（431年のエフェソス公会議）、②「終生の処女（アエイパルテノス）」（処女懐胎）（649年のラテラノ公会議）、③「無原罪の御宿り」（マリアは原罪を免れているとする）（1854年の教義）、④「聖母被昇天」（肉体と魂の両方を伴うマリアの被昇天を定める）（1950年の教義）。

このように、マリアは、イブが犯した原罪を免れた存在であり、処女のままイエスを産んだとされています。あくまで特別な存在なのです。それに対し、一般女性は罪深いイブであり、マリアとは遠く隔たった存在です。彼女たちにとって、マリアは実現不可能なモデルなのです。

このように女性を高く評価するようにみえるマリア崇拝も、女性一般の評価にはつながらないものだったのです。こうしたことが、フェミニスト神学者たちから批判されています。たとえば、キリスト教においては、古代の諸宗教における「母性の女神」崇拝とは異なり、母が息子にひざまずき、母性が奴隷化したとしたとされるのです。

⑶ **マグダラのマリア論**　最後に、イエスの弟子、マグダラのマリアについてみてみましょう。彼女は、新約聖書に語られる、ガリラヤ湖西岸マグダラ出身の女性です。かつて「遊女」であったとされ、「七つの悪霊」に悩まされていましたが、イエス・キリストにそれを追い出してもらい、悔い改め、イエスに献身的に仕えたとされます。聖書には次のようにあります。

> 「すぐその後、イエスは神の国を宣べ伝え、その福音を告げ知らせながら、町や村を巡って旅を続けられた。十二人も一緒だった。悪霊を追い出して病気をいやしていただいた何人かの婦人たち、すなわち、七つの悪霊を追い出していただいたマグダラの女と呼ばれるマリア、ヘロデの家令クザの妻ヨハナ、それにスサンナ、そのほか多くの婦人たちも一緒であった。彼女たちは、自分の持ち物を出し合って、一行に奉仕していた。」（「ルカによる福音書」8：1-3）

このように、マグダラのマリアは、イエスにつき従い、行動をともにしたことがうかがわれます。イエスが逮捕された際、ペテロをはじめとする弟子たちが逮捕をおそれて逃げてしまったのに対し、彼女は母マリアとともに磔刑と埋葬に立ち会います。その後、墓を訪ねてイエスの遺体がないことに気づき、弟子に先んじて復活したイエスに接したとされています。彼女はその後、南フランスへ行き、布教と30年間の隠修生活ののち、没したといいます。

2003年に出版された、ダン・ブラウン著の『ダ・ヴィンチ・コード』が、マグダラのマリアへの関心を高めました。この書はフィクションですが、いくつかの点でキリスト教研究者の論議を呼んだのです。とくに、マグダラのマリアはイエスの妻であり、子どもをなしたという説をもとにしていたことが、注目を集めました。エジプトで発見された写本などがそれをうかがわせるとの研究者の評価もありました。

あくまでフィクションとはいえ、キリスト教において女性が二次的・従属的存在とされている状況に対する、女性性の復権と考えることもできるでしょう。同志社大学の小原克博氏は次のように指摘しています。

「グノーシス主義は肉体を蔑視する。そして当時、女性は肉体の象徴とされていた。しかし、『ダ・ヴィンチ・コード』はそのグノーシス的素材を物語の各所に使いながら、結果として、肉体性（たとえば、イエスの血筋）と女性性（マグダラのマリアに象徴される女神崇拝）の復権（救済）を逆説的に暗示しているのである。……女性性の正当な評価や再解釈を求める『フェミニスト神学』の興隆とも共鳴する部分がある」（「『ダ・ヴィンチ・コード』ベストセラーの背景」『キネマ旬報』第2272号）。

2．キリスト教会における女性

キリスト教（ローマ・カトリック）は、こうした女性観にもとづき、教会では女性を聖職者の位階制から排除しています。教皇・司教・司祭ら「神の代理人」はすべて男性です。ミサも説教も男性が執行します。女性の教会内での仕事は奉仕者程度にとどまっています。

「聖なる者たちのすべての教会でそうであるように、婦人たちは、教会では黙っていなさい。婦人たちには語ることが許されていません。律法も言っているように、婦人たちは従う者でありなさい。何か知りたいことがあったら、家で自分の夫に聞きなさい。婦人にとって教会の中で発言するのは、恥ずべきことです。」(「コリントの信徒への手紙一」14：33-35)

女性を排除する理由としては、今述べてきた女性観の他に、イエスが十二使徒に女性を選んでいなかったことや、伝道者として女性を派遣することはなかったことが挙げられます。しかし、これに対しては、初期キリスト教の布教運動では、女性たちも教会の奉仕活動のなかで指導者として教会活動に関わり、使徒としても働いていた可能性が高いとの指摘があります。

次のような一節がありあます。

「ケンクレアイの教会の奉仕者でもある、わたしたちの姉妹フェベを紹介します。どうか、聖なる者たちにふさわしく、また、主に結ばれている者らしく彼女を迎え入れ、あなたがたの助けを必要とするなら、どんなことでも助けてあげてください。彼女は多くの人々の援助者、特にわたしの援助者です。」(「ローマの信徒への手紙』16：1-2)

しかし、その後まもなく、教会の制度化が進むなかで、女性たちが重要な職務から締め出されたとされます。

また、排除の他の理由として、女性の不浄観があります。女性は生理と出産のときに穢れているので、宗教活動はできないというのです。

「女性の生理が始まったならば、七日間は月経期間であり、この期間に彼女に触れた人はすべて夕方まで汚れている。生理期間中の女性が使った寝床や腰掛けはすべて汚れる。彼女の寝床に触れた人はすべて、衣服を水洗いし、身を洗う。その人は夕方まで汚れている。また、その腰掛けに触れた人はすべて、衣服を水洗いし、身を洗う。その人は夕方まで汚れている。」(「レビ記」15：19-22)

「主はモーセに仰せになった。イスラエルの人々に告げてこう言いなさい。妊娠して男児を出産したとき、産婦は月経による汚れの日数と同じ七日間汚れている。……産婦は出血の汚れが清まるのに必要な三十三日の間、家にとどまる。その清めの期間が完了するまでは、聖なる物に触れたり、聖所にもうでたりしてはならない。女児を出産したとき、産婦は月経による汚れの場合に準じて、十四日間汚れている。産婦は出血の汚れが清まるのに必要な六十六日の間、家

にとどまる。」(「レビ記」12：1-5)

近年、ローマ・カトリック教会では、フェミニスト神学者を中心に聖書、教会運営における女性差別が糾弾されています。そこでは、依然として聖職者の位階から女性は除外され、堕胎の問題や離婚の問題等、伝統的な傾向が強くみられます。フェミニスト神学とは、フェミニスト的な志向をもつ、主として女性による「解放の神学」で、フェミニズムの展開にともなって登場しました。

フェミニズム神学者たちは、以上あげてきたような性差別的な諸点をめぐり、教義神学、聖書解釈、教会史の中心的言説の変革をめざしています。その際、歴史性を考慮し、男女の役割の付与は、「神が望まれた」ものではなく、神学的に正当化されてきた差別の結果であるとする傾向があります。ただ、その影響力は広く一般信徒に及んでいるとはいえず、限定的なものにとどまっているとされます。

一方、プロテスタント教会においては、女性も牧師や教会長になれるし、その数は増加しています。「万人祭司説」をとるプロテスタント教会には、いわゆる聖職者は存在せず、牧師はいわば、世話人という位置づけです。アメリカではアフリカ系アメリカ人女性の教会長も登場しています。イギリス国教会は、1992年に女性の司祭を認めました。

フェミニズムの潮流のなかで、キリスト教における女性蔑視的な要素に対する対応が迫られています。近年の動きは、オリジナルなイエスの思想にはあったはずの男女平等の理念をもう一度掘り起し、現代にふさわしいキリスト教として再生しようとの思いが背景にあり、今後もさらに展開していくと思われます。

(3) イスラーム

イスラームは、7世紀にアラビア半島で誕生します。西暦570年頃、アラビア半島のメッカに生まれたムハンマドは、40歳のときに啓示を受けて預言者であると自覚し、布教を開始します。妻のハディージャが最初の信者でした。彼が啓示として受け取った言葉は、のちに『コーラン(クルアーン)』としてイスラームの聖典となります。イスラームとは「帰依」「服従」の意味です。

622年、ムハンマドたちは迫害を逃れてメディナに移住し（ヒジュラ：聖遷）、イスラームにもとづく新しい信仰共同体（ウンマ）社会を構築します。630年には追われたメッカを征服し、アラビア半島のほぼ全域を支配下におきます。

イスラームの核心は、六信五行という思想と実践です。六信とは信徒が信じるもっとも重要な六つのことがらで、唯一神、啓典、天使、預言者、終末と来世、定命（運命）です。五行とは信徒が行う信仰行為で、①「アッラーのほかに神なし」、「ムハンマドはアッラーの使徒なり」と公言する信仰告白、②日に５回の礼拝、③貧しい人々のためのザカート（喜捨）、④ラマダーン月の断食、⑤生涯に１回のメッカ巡礼です。

１．『コーラン』にみる女性観

⑴　宗教的資格における平等　『コーラン』によれば、宗教的資格においては性による差別はありません。

> 「誰でも、正しい行いに励む者は、男でも女でも信仰に堅固な者。これらは楽園に入り、少しも不当に扱われない。」（日本ムスリム協会訳「婦人章」4：124。以下、コーランの訳は日本ムスリム協会による）

仏教やキリスト教で問題にされた「穢れ」については、女性そのものが穢れているという思想はありませんが、月経中の女性は不浄だとみなされるので、礼拝、モスクに入ること、『コーラン』に触れることは許されません。月経についてはコーランに次のような章句があります。

> 「かれらは月経に就いて、あなたに問うであろう。言ってやるがいい。『それは不浄である。だから月経時には、妻から遠ざかり、清まるまで近付いてはならない。それで清まった時には、アッラーが命じられるところに従って、かの女らに赴け。誠にアッラーは、悔悟して不断に（かれに）帰る者を愛でられ、また純潔の者を愛される』。」（「雄牛章」2-222）

しかし、日常生活においては男性優位の傾向が示されており、その考え方がイスラーム社会の女性観の基本となっています。女性は弱者であり、保護されるべきものとされ、社会的権利も制限されるのです。

「男は女の擁護者（家長）である。それはアッラーが、一方を他よりも強くなされ、かれらが自分の財産から（扶養するため）、経費を出すためである。それで貞節な女は従順に、アッラーの守護の下に（夫の）不在中を守る。あなたがたが、不忠実、不行跡の心配のある女たちには諭し、それでもだめならこれを臥所に置き去りにし、それでも効きめがなければこれを打て。それで言うことを聞くようならばかの女に対して（それ以上の）ことをしてはならない。本当にアッラーは極めて高く偉大であられる。」（「婦人章」4：34）

⑵ **一夫多妻制**　『コーラン』では、男性が4人まで妻を持つことが認められています。これは、孤児（後見人を亡くした者）の救済策としての面をもっています。

「あなたがたがもし孤児に対し、公正にしてやれそうにもないならば、あなたがたがよいと思う二人、三人または四人の女を娶れ。だが（妻が多くては）公平にしてやれそうにもないならば、只一人だけ（娶るか）、またはあなたがたの右手が所有する者（奴隷の女）で我慢しておきなさい。このことは不公正を避けるため、もっとも公正である。」（「婦人章」4-3）

「あなたがたは妻たちに対して公平にしようとしても、到底出来ないであろう。あなたがたは（そう）望んでも。偏愛に傾き、妻の一人をあいまいに放って置いてはならない。あなたがたが融和し、主を畏れるのならば。誠にアッラーは、度々赦される御方、慈悲深い御方であられる。」（「婦人章」4：129）

⑶ **遺産相続**　イスラーム成立以前のアラブの部族社会では、幼児や女性の人格は認められなかったので、相続に関与できるのは父系男性親族に限られていました。ムハンマドはこれを改革し、孤児と寡婦に財産権を認め、女性に相続権を与えたとされます。ただし、女性の権利は男性の二分の一で、死者に男性親族が多い場合には不利な立場に立たされました。

「アッラーはあなたがたの子女に就いてこう命じられる。男児には、女児の二人分と同額。もし女児のみ二人以上のときは遺産の三分の二を受ける。もし女児一人の時は、二分の一を受ける。またその両親は、かれに遺児のある場合、それぞれ遺産の六分の一を受ける。もし遺児がなく、両親がその相続者である場合は、母親はその三分の一を受ける。またもしかれに兄弟がある場合は、母親は六分の一を受ける。」（「婦人章」4：11）

⑷ **ヴェールをめぐって**　ヴェールは、一般に「ヒジャーブ」と呼ばれます。ヴェール着用の風習は、イスラーム化以前からアラブ人の間で行われていました。着用が義務かどうかについては諸説があり、どの程度、体をおおうべきか、どのような材質のものにするか等も、時代・地域によってさまざまです。

「信者の女たちに言ってやるがいい。かの女らの視線を低くし、貞淑を守れ。外に表われるものの外は、かの女らの美（や飾り）を目立たせてはならない。それからヴェイルをその胸の上に垂れなさい。自分の夫または父の外は、かの女の美（や飾り）を表わしてはならない。なお夫の父、自分の息子、夫の息子、また自分の兄弟、兄弟の息子、姉妹の息子または自分の女たち、自分の右手に持つ奴隷、また性欲を持たない供回りの男、または女の体に意識をもたない幼児（の外は）。」（「御光章」24：31）

2．現代イスラーム世界の動向

イスラームにおいては、権威は男性のものであり、女性は従属すべきものであるとされるとともに、女性は弱者であり、保護されるべき存在であるとされます。そのため、社会的活動や権利も極端に制限されている場合が多くなっています。また、一夫多妻制やヴェールの着用も問題にされています。

こうした思想は、女性解放論者からの批判の的となってきました。しかし、それに逆行するかのように、近年のイスラーム原理主義の復興の動きにともない、厳格なコーラン厳守が打ち出されており、それらに対して作家や思想家たちが批判の矛先を向けています。

19世紀末から20世紀初頭にかけて、エジプトを中心に女性解放運動が起こります。女性の教育の機会の開放等が主張され、重婚禁止や一方的な離婚を協議離婚にすることも提唱されました。近年、エジプト、トルコ、チュニジアなどでイスラームの伝統的な女性観へのチャレンジが行われています。また、イスラーム諸国で多く行われてきた「女性器切除」や「名誉殺人」に対する告発も相次いでいます。

他方、厳格なコーラン厳守が打ち出されている社会もあります。とくに1979（昭和54）年のイラン革命以後、イスラームの宗教復興運動が高まりをみせ、女性の服装やライフスタイルが急激にイスラーム化している地域もあります。また、西欧主導のフェミニズムによるイスラーム批判について強烈な反論がある一方で、西欧に学ぶべきだとの見解を表明する人々もいます。

2003（平成15）年には、イランの女性弁護士シリン・エバディ氏がノーベル平和賞を受賞して話題になりました。彼女は、ノーベル賞を受賞した最初のイラン人で、最初の女性イスラーム教徒でした。

現在、『コーラン』が男性中心的に解釈されてきたことを指摘し、女性の視点から読み直そうとの動きが世界的に高まっています。たとえば、イスラームで女性差別といわれるものは、「後世の時代に男性に都合よく『コーラン』が解釈されて、イスラーム法がつくられていった結果ではないか」（ライラ・アハメド）という視点からの再検討がなされているのです。

以上、仏教、キリスト教、イスラームの女性観を概観してきました。各宗教とも、男性によって創唱され、男性中心の教団運営がなされ、女性が二次的な存在とされてきたのは確かです。今後も、フェミニズムの視点からの宗教批判は続くでしょう。

しかし、その際に考慮すべき点は、あらゆる思想は、時代・社会の制約を受けているということです。宗教思想も、真空のなかで生まれたものではなく、具体的な時代・社会という文脈のなかで形成されたものですから、現代的視点から批判するだけでなく、当時の諸状況のなかでの意義と影響力といった点から再検討される必要があるでしょう。

第3章　「女らしく」から「自分らしく」へ

第1節　フェミニズムの誕生と展開

フェミニズム（feminism）とは、女性解放思想・運動と訳され、男女同権主義にもとづく女性の権利拡張と、性差別のない社会をめざすものです。すなわち、女性の性別に起因する政治的・経済的・社会的・心理的差別の撤廃と、女性の能力と役割の発展をめざすものです。

（1）　第一波のフェミニズム

フランス革命期以降の女性解放思想や、社会主義的な女性解放思想、それにボーヴォワールの頃までのフェミニズムを含めて、第一波のフェミニズムということがあります。運動としては、19世紀半ばから20世紀にかけて行われた「婦人参政権獲得」に代表される女権拡張運動などがあります。ここでは、第一波のフェミニズムについてみてみましょう。

19世紀に入ると、イギリスの経済学者ジョン・スチュワート・ミル（1806－73年）が『女性の隷従』（1869年）を発表し、その後の女性解放運動に理論的根拠を与えました。彼は、女性に対する偏見や差別は過去の奴隷制度の遺物であると指摘しました。そして、慣習と制度の変革による女性解放は、社会と個人にとって大きな利益をもたらすという、功利主義的結論を導いたのです。しかし、ミルが男女平等を説いた時には、世間一般の人々は困惑し、嘲笑したといいます。

一方、女性解放の問題は、社会主義思想の中でも取り上げられました。空想的社会主義者シャルル・フーリエ（1772－1837年）は、ファランジュとよばれる生産と生活の共同社会を建設して女性を解放しようとし、サン・シモン主義者は、フーリエの影響のもとに女性解放運動を展開しました。また、アウグスト・ベーベル（1840－1913年）は、『女性と社会主義』（1879年）において、女性の経済的・精神的な自立は男性の自立をも意味するものであり、社会主義社会においてそれがはじめて実現すると主張しました。

20世紀に入ると、生物学や精神分析学が発達し、男女の生物学的差異と女性解放との関連に注目が集まります。エレン・ケイ（1849－1926年）は、『恋愛と結婚』（1911年）において、母性主義的女性論を展開しました。すなわち、人間の生存のためにはより良い子どもの成育が必要であり、そのためには母性が重視されるべきであるとしたのです。

また、未開社会に関する研究記述を行った文化人類学者たちが、男女の性別役割についての固定観念を打ち破ることになりました。『男性と女性』（1949年）を著したアメリカの文化人類学者マーガレット・ミード（1901－78年）は、サモアやニューギニア等で調査を行い、男女の性別役割や男らしさ・女らしさの観念は社会的につくられたものであることを示しました。彼女は、性別役割の文化的相対性を強調し、男女間には生殖機能の相違以外には本質的な差はないと主張したのです。

20世紀前半の二つの世界大戦は、女性解放を人類共通の課題にしました。大戦を契機に女性が大量に職場に進出したことや、多くの国で婦人参政権が実現したことは、女性に自らの能力への自信を与えることになりました。

第二次世界大戦後に発表された、フランスの女性哲学者シモーヌ・ド・ボーヴォワール（1908－86年）の『第二の性』（1949年）は、現代の女性解放運動に強い影響を与えました。

彼女は、実存哲学者ジャン・ポール・サルトルと事実婚をしたことが知られています。今でこそ事実婚はめずらしくありませんが、この時代にそれを貫いたことは、一つの見識でしょう。私は、パリ市内にある二人のお墓を訪ねたことがありますが、墓石は二人同じ大きさで隣り合っており、こじんまりしたもので、花がいつも供えられているということでした。

この書のなかで彼女は、「人は女に生まれない。女につくられるのだ」、つまり男性中心の社会・文化の中で「女」という社会的存在につくられていくのだと主張しました。彼女は、ジェンダーという言葉は用いませんでしたが、性が社会的・文化的・歴史的に構成されるものであることを明らかにしたのです。

彼女の立場は、男女平等を第一義とし、男性と同じ資格で、女性も社会制度のなかで権力を掌握しようとするものです。そして、女性の自立は経済的基盤によるとし、必要に応じて女性的、母性的とされる属性を捨てるものでもありました。

（2） 日本の女性解放思想

一方、日本において女性解放の問題が最初に取り上げられたのは、明治初期の福沢諭吉、森有礼、植木枝盛などの男性の啓蒙思想家によってでした。封建時代の、儒教思想にもとづく三従思想（結婚前は親に従い、結婚後は夫に従い、夫の死後は子どもに従う）に代表される忍従を強いられていた女性のあり方に対し、近代主義的な立場から批判を行ったのです。

福沢諭吉（1835－1901年）は、『新女大学』（1899年）を著し、男女平等、女性の知的教養を重視した女性解放論を展開しています。

女性による思想としては、平塚らいてう（1886－1971年）のものがあります。彼女は、雑誌『青鞜』（1911年）を創刊して、女性の自我覚醒運動の口火を切りました。表紙に女性像を描いたのは、長沼智恵子（のちに高村智恵子）。与謝野明子も「山の動く日来（きた）る」で始まる「そぞろごと」という詩を寄せています。

創刊号の「発刊の辞」における「元始、女性は実に太陽であった」とのよびかけは、女性による女性解放思想として、大きな意味をもちました。

「元始、女性は実に太陽であつた。真正の人であつた。今、女性は月である。

他に依つて生き、他の光によつて輝く、病人のやうな蒼白い顔の月である。

偖(さ)てこゝに「青鞜(せいたふ)」は初声(うぶごゑ)を上げた。

現代の日本の女性の頭脳と手によつて始めて出来た「青鞜」は初声を上げた。

女性のなすことは今は只嘲りの笑を招くばかりである。

私はよく知つてゐる、嘲りの笑の下に隠れたる或(ある)ものを。

そして私は少しも恐れない。」

多くの人は彼女たちを揶揄し、「新しい女」とレッテルを貼りましたが、むしろ彼女たちはそれをめざしていたのです。そして、文学運動のみならず、男女平等、女性の主体性の確立を主張し、さらにそれを青鞜運動として展開しました。

この時期、注目すべきものに、与謝野晶子（1878－1942年）の「女性は徹底して独立すべし」（1918年）の発表を発端として、平塚、与謝野、山川菊栄（1890－1980年）のあいだで行われた「母性保護論争」があります。

与謝野は、近代主義的な女性解放論の立場から、女性教育の自由、職業範囲の拡張、女性の経済的自立を主張しました。それに対し平塚は、エレン・ケイの母性主義的女性論の影響を受け、男女の機会均等はむしろ弊害をもたらすとし、国による母性保護の必要性を主張したのです。

《コラム１ 『女大学』》

江戸時代に普及した、女性に対する教訓の書。貝原益軒の作といわれ、1716年に刊行された。ここでいう「大学」とは、四書五経の一つである『大学』のこと。その女性観は、いわゆる「三従思想」である。

「総じて婦人の道は、人に従うにあり」とし、嫁家では夫および舅姑に服従すべきであると説く。「婦人は別に主君なし。夫を主人と思い、敬い慎みて事うべし」、「万のこと舅姑に問うて、其の教えに任すべし」といった具合である。家族制度を維持・強化していくための教育といえる。

明治時代には、「女大学」と教育勅語とを結びつけた教科書が刊行され、第二次世界大戦終了後まで使用された。

『女大学』を批判した書としては、土井光華『文明論女大学』（1876年）、福沢諭吉『女大学評論・新女大学』（1999年）などがある。

さらに、後に論争に加わった山川菊栄は、経済的自立と母性保護の両方の必要性を認めた上で、社会主義にもとづく女性解放論を展開し、不平等社会を経済的に改革することの重要性を指摘しました。この論争のなかで浮き彫りになった諸点は、現代の女性たちにとってもなお重要な意味をもちつづけています。

また、当時、盛んになりつつあった自由民権運動においても、女性たちが活躍したことが知られています。岸田俊子（1864－1901年）は、自由党の機関紙『自由の燈』に「同胞姉妹に告ぐ」（1884年）を発表し、男性中心の社会を厳しく糾弾しました。福田英子（1865－1927年）は、「東洋のジャンヌ・ダルク」と称された社会活動家です。

以上、第一波のフェミニズムの共通点としては、女性が抑圧された状況にあることを指摘し、女性の権利を拡張し、財産相続権、政治的諸権利、教育・職業の機会などにおける法的平等を獲得することによって、女性解放を実現しようとすることがあげられます。

（3） 第二波のフェミニズム

それに対し、1960年代後半のアメリカで発生し、急速に世界中に広まったウーマン・リブ運動（Women's Liberation Movement）と、その展開である女性解放思想を、第二波のフェミニズムといいます。制度のみならず、日常生活にひそむ意識における性差別にまで目を向け、それからの解放をめざすものです。

そこでは、性差別は、法制度をはじめとする社会制度にだけではなく、日常生活における意識や考え方にまで入り込んでいることが指摘され、意識改革の必要性が主張されます。そして、政治的・経済的・社会的・心理的なあらゆる形態における性差別を撤廃し、女性解放を実現しようとするのです。

ここでは、第二波のフェミニズムの代表的なものを見てみましょう。

第一派のフェミニズムの流れをくむものは、リベラル・フェミニズムとよばれ、近代的人権の獲得をめざし、近代的な諸制度を改革し、近代の徹底化をはかろうとするもので、依然として広範な支持を得ています。リベラル・フェミニズムは、1975年の「国際女性年」、さらに1975－85年の「国連女性の10年」をきっかけとして、世界的規模で、各地の運動を結びつけながら、女性解放を世界的枠組みのなかで考えようとしています。そうした意味で、グローバル・フェミニズムともいわれています。

ラディカル・フェミニズムは、従来のフェミニズムの改良主義的な姿勢は表面的な平等をめざすにすぎないと批判し、社会主義革命によってこそ男女差別は解消すると主張するものです。そして、家父長制は男性による女性支配であるとし、女性の抑圧こそあらゆる抑圧の根源であるとして、既存の男性中心主義的な文化を批判するのです。

また、マルクス主義と結合したフェミニズム理論として、マルクス主義フェミニズムがあります。そこでは、階級支配と男性支配という異なる原理の相互関係のなかから女性差別が形成されるとし、資本主義社会での女性の抑圧は、無償の家事労働によって維持される家父長的関係と、そうした家事労働を前提として成立する資本主義的生産様式との結びつきから生じると指摘します。

さらに、エコロジー運動と産業文明への批判、自然との共生という問題意識を共有して現れた潮流が、エコロジカル・フェミニズムです。そこでは、従来の産業文明を支えてきた競争・能率・拡大といった諸原理を「男性原理」として批判し、自然に対して親和的で自然との共生をめざす「女性原理」にこそ価値が置かれるべきだとします。近代的な思考があまりにも観念化した結果、人間の直観的能力や身体表現や、あるいは生きた現実である具体性への関心が失われたとして、女性の身体性や母性を高く評価するのです。

その他、ポストモダン・フェミニズム、ソーシャル・フェミニズム、ブラック・フェミニズムなどがあります。

第2節　女性学の成立と課題

女性学という言葉は、英語のウィメンズ・スタディーズ（Women's Studies）の訳語です。女性学がはじめて登場したのは、1960年代のアメリカにおいてでした。

当時のアメリカでは、さまざまな社会運動が盛んに展開されていました。アフリカ系アメリカ人による公民権獲得運動や、少数民族による権利回復・要求運動、大学・学問の改革をめざす学生運動などがそれです。社会的に抑圧され、社会の動向に決定権をもてない人たちが、平等や人権を求めて立ち上がったのです。

アメリカは、17世紀にイギリスからわたってきたピューリタンたちを「建国の父」とあおいでいます。1776年の独立当時は東部の13州でしたが、その後西へ西へと領土を拡大し、現在は50州の合衆国となっています。

アメリカ合衆国では、建国当時のピューリタン的理念・理想が尊重され、社会の主流はいわゆるWASP——アングロサクソン系白人でプロテスタント（ピューリタンはその一派）——によって占められていました。一方、先住民であるネイティブ・アメリカンや、奴隷としてアフリカから連れてこられたアフリカ系アメリカ人たちは、そうした社会構造から締め出され、社会的マイノリティとして生きざるをえない状況でした。

ところが、この時期、建国以来の価値観が揺れ動き、新たな社会をめざす人々が出てきます。マーティン・ルーサー・キング牧師やローザ・パークスらによる公民権獲得運動や、土地を奪われた先住民などの少数民族による権利回復・権利要求運動などが起こります。社会的に抑圧され、社会の動向に決定権をもてなかった人たちが、平等や人権を求めて立ち上がったのです。

一方では、既成の大学体制や学問体制を批判し、それを改革しようする学生運動も存在しました。マイノリティの運動と学生運動は互いに連動しあい、やがて黒人や少数民族の学問的研究を生み出し、大学のカリキュラムに少数民族研究（Ethnic Studies）や黒人学（Black Studies）が設置されるようになります。

こうした潮流のなかで、女性たちも立ち上がります。これらの運動には多くの女性たちが参加していましたが、しだいに、自分たちが二重に抑圧され、差別されていることに気づいたのです。

たとえば、公民権運動を闘っていた女性たちが、家に帰ると同じ運動家である夫から暴力的に服従させられたり、差別的な態度をとられたりしたことも多かったのです。また、学生運動で、大学にバリケードをつくって立てこもったとき、そのなかで、女子学生は当然のように食事当番を担当することを求められたのもしばしばでした。

平等を求める運動のなかでも、女性たちは相変わらず二次的、従属的な存在として扱われていたのです。それに気づいた女性たちが立ち上がります。彼女たちは、「女性の解放は女性たちの手で行うしかない」と決意したことでしょう。そして、女性が置かれている抑圧的・差別的状況を問い直し、女性の解放をめざす運動を展開するようになるのです。

さらに、こうした動きとは別に、中流といわれる豊かな階層の女性たちも、自分たちの存在について疑問を呈し始め、「自分らしく生きたい」との思いを声に出すようになりました。

その一つの動きが、ベティ・フリーダン（1921－2006年）たちによるものです。彼女が著した『*The Feminine Mystique*』（1963年）（三浦冨美子訳『新しい女性の創造』大和書房）が、その運動を刺激しました。この書は、自分の生き方に疑問を抱き始めたフリーダン氏が、母校であるスミス女子大学の同期生たちにアンケートを取り、その結果を分析、解釈したものです。

郊外の広い家に、やさしい夫とかわいい子どもたちと住み、クッキーを焼きながら家族の帰りをまつ生活。夢に見た生活。でも彼女たちは、何か違うという感を抱きます——幸福だけど、何か満たされない。私がやろうとしたことはこういうことだったのかしら。本当にこういう生き方でいいのかしら。周囲に語っても、わがままだとかぜいたくだとかいわれるだけ。精神分析を受けても、男性医師によるカウンセリングは、従来の女性像に押し込めようとするだけ。多くの中流女性たちは、出口のない悩みを抱え込んでいたのです。

この書の「はしがき」で、フリーダンは次のように記しています。

「アメリカの女性が現在窮地におかれているのは事実である。やむをえずこの現実を認めた専門家たちは、今、女らしさを賛美する人たちがつくりあげたイメージに、女性を従わせようと必死の努力を続けている。私がこの本で示した解決法は、社会の改革を必要とするのだから、おそらく専門家や女性自身を困らせるだろう。

しかし、私は、女性も社会から影響を受けるだけでなく、社会に影響をおよぼすことができ、最後には男性と同じように、自分で自分の生き方をきめられるようになり、自分の生涯を幸せにすることも、不幸にすることもできるようになると信じている」（三浦冨美子訳『増補　新しい女性の創造』大和書房）。

アメリカの中流階級の主婦の間に広がった不安や悩みに注目し、その根底には女性の家庭内奴隷化があると指摘した本書は、多くの女性たちの共感を呼び、広範な女性解放運動を巻き起こしたのです。こうした運動は、またたくまに各地に広まり、1966年には「全米女性連盟（NOW：National Organization of Women）」の結成へと進みます。

このような状況のなかで、フェミニズム運動を理論づけするために生み出されたのが女性学でした。すなわち、男性中心的であった従来の学問研究や社会状況を「女性の視点」でとらえ直し、新たな学問を構築するとともに、女性解放にも寄与しようとするのが、女性学なのです。

もちろん、今まで見てきたように、女性に関する研究は今までもなかったわけではなく、むしろ長い研究史が積み重ねられています。しかし、それらは一般の女性たちの共感を得ることはまれで、広く社会全体に影響を与えることも少なかったのです。

しかし、女性学は、20世紀後半という時代にあって、広く女性たちの共感を呼び、社会に影響を与え、学問として女性研究を確立させることになりました。やがて、女性学は、大学の正規のプログラムに編入され、1970年代にはアメリカの多くの大学で教えられるようになります。そして、こうした潮流は、急速に世界中に広まっていくのです。

日本でも、アメリカの動きに触発されて、70年代はじめにウーマン・リブ運動（Women's Liberation Movement）が展開され、マスコミをにぎわすようになりました。特に、榎美沙子を代表とする「中ピ連（中絶禁止法に反対しピル解禁を要求する女性解放連合）」は、過激な活動を展開してマスコミをにぎわせました。そこでは、性別役割分業や、「女らしさ」の理念、法制度における女性の位置づけなどが根底から問い直されました。

1974（昭和49）年には、井上輝子たちが「女性学」という訳語をあてて、アメリカの研究を紹介するとともに、日本に根ざした女性研究の確立を提唱しました。女性学研究の機運が高まる中、各種の女性学研究団体も発足し、1970年代には、「国際女性研究会」、「日本女性学研究会」、「国際女性学会」、「女性学研究会」、「日本女性学会」などが相次いで設立され、活動を開始します。

日本でも、1978（昭和53）年に国内外の女性学研究者および一般女性たちが100名あまり参加して、「国際女性学会東京会議」が開催されるなど、女性学研究は活発に展開されていきます。アメリカと同じく、日本でも大学や短大に女性学の講座が増える一方、地域の婦人会館などの社会教育施設でも女性学の講座が開かれるようになり、多くの人が女性学にふれるようになります。また、女性学についての著作や翻訳も盛んに出版されるようになります。

こうして、日本における女性学は、研究者たちの努力により、短期間のうちに規模と厚みを増し、裾野を拡大していったのです。

さて、女性は、人間の歴史のなかで男性に劣らず重要な役割を果たしてきました。それにもかかわらず、女性には従属的な役割と低い評価が与えられてきたのです。なぜ女性は従属的な存在とされたのでしょうか。なぜ女性は差別的な状況に置かれてきたのでしょうか。なぜ男性と同じ権利をもつことができなかったのでしょうか。

そうした問題を理解し、解決するために、女性学は第一に、今まで男性中心に組み立てられてきた学問を女性の視点で問い直し、新たな理論を構築することをめざします。従来、学問を担ってきたのが圧倒的に男性だったことを考えると、女性の役割や体験や理念が考慮されることが少なかったのは当然かもしれません。

また女性は、学問の担い手でなかったばかりでなく、学問の対象でもなかったのです。女性を男性の付属物のようにとらえ、性差別を正当化し強化してきた思想を分析し、従来の学問や歴史の再解釈や再構築を行うことが、女性学の目的の一つです。

女性学は、あらゆる分野の学問を「女性の視点」でとらえ直そうとするものですから、必然的に学際的なものとなります。現在、法学、経済学、社会学、歴史学、教育学、心理学、哲学などの個々の学問領域は、ますます細分化し専門化しつつあります。女性学は、女性の存在を全体として把握するために、専門分野の枠を超えて相互に連関させて分析しようとします。こうした試みは、個々に分散され、相互の交流を失ってしまった学問を再構築し、再統合する機能も果たすでしょう。

女性学の担い手および研究対象を、女性のみに限るかあるいは男性も含むかという点については、研究者の間でも見解が分かれるところです。女性学を、「女性の女性による女性のための学問」（井上輝子）とする立場と、「男女による男女を含めた人間に関する男女のための研究」（原ひろ子）とする立場がみられるのです。

この両者は、アプローチの仕方と強調点は異なっていますが、どちらも、従来欠落していた「女性の視点」をもって女性に関連する問題を扱うという点では共通しているといえます。

本書では、前者の方法を理解しながらも、さらに、男性を含めた人間全体の学問まで射程に入れるという形の女性学を考えたいと思います。「女性のことは女性しかわからない」あるいは「女性は皆同じ」というような本質主義はとりません。何度もいうように、女性の視点をてこにして、人間全体のことを考えようというのが、私が考える女性学なのです。

第二に女性学がめざすものは、現実の社会・政治・経済・文化構造のなかで女性を解放することです。すでに見たように、女性学は、机上で練られた学問ではなく、現実の只中で行われた女性運動をきっかけとして生み出されたものです。そのため、女性解放を中心とする問題解決志向が強いことは、いうまでもありません。

具体的な法制度において女性の権利を拡張するといったことももちろんですが、むしろ制度を担う女性の意識、女性に対する社会一般の意識の変革こそが問題とされます。制度的な平等や権利が獲得されたあとにもなお存在する、精神の内なる差別意識の構造こそが問題なのです。ふだん日常生活のなかで、言葉や行動やイメージに現れる性差別や女性に対する抑圧的な状況を、当たり前のこととして看過してしまうことはないでしょうか。

従来、女性に関する研究は少なくありませんでした。婦人論・婦人問題研究・女性史など、多くの研究史が積み重ねられてきています。しかし、女性学がそれらと一線を画すのは、学問として新しい理論構築をめざし、それを大学や短大に定着させようとするとともに、女性解放という問題に対して実践的に貢献していこうとしていることなのです。

第３節　ジェンダー・スタディーズ

1980年代から、女性学という用語よりも「ジェンダー研究（スタディーズ）」を用いる人が増えてきます。ジェンダー論では、性差を二つの次元でとらえます。生物学的・生理学的性差であるセックス（sex）と、社会的・文化的性差であるジェンダー（gender）です。この二つを区別したことで、新たな地平が開きました。ジェンダーという視点を重視して、性別役割分業の可変性を主張するとともに、女性のみでなく男女ともに含めて考察し、「ジェンダー・バイアス」を取り除き、「ジェンダー・フリー」な社会を構築することをめざすことを明確にしたのです。

井上輝子氏は、ジェンダー研究へという視点の移動が生じた背景として、７点の新しい問題意識の登場があると指摘しています（井上輝子『女性学への招待〔新版〕』有斐閣）。すなわち、

「①性染色体の違いに由来する遺伝学的性差、生殖機能の違いに由来する生物学的性差、身体の外見上の違いやホルモン分泌の相違といった生理学的性差といった、従来、動かしがたいものとして暗黙に前提されていた性差（セックス）自体が、それぞれ厳密に男女に二分されるわけではないことが明らかにされ、ジェンダーの二分法の人工的性格がいよいよ明確化してきたこと。

②言語、しぐさ、身体評価の基準、セクシュアリティなど、性別役割分業に起因するわけではない、ジェンダーの諸側面に関心が向けられるようになるにつれて、「性役割」よりも広い概念として「ジェンダー」が多用されるようになったこと。

③「性役割」という用語によって、男女の関係の相補性がイメージされ、そこに支配・被支配の権力関係が含まれていることが、しばしば見落とされる傾向が出てきたのに対して、男女の権力構造を含意する用語として「ジェンダー」が浮上してきたこと。

④ジェンダー現象の諸側面を記述・分析することから進んで、男女という二分化されたジェンダーをつくり出し、再生産する社会と文化の仕組みを解明することに、研究関心が向かったこと。

⑤階級、人種・民族、年齢、社会的地位等を異にする女性たちの生活と人生は一様ではないのみならず、女性同士の間でも抑圧と被抑圧の関係が生じている事などが明らかになるにつれ、男女という二分法（ジェンダー）も相対化し、階級の軸や民族の軸と関係づけてジェンダーを捉える必要が生じてきたこと。

⑥女性のみならず男性もまたジェンダーの呪縛に捉えられていることを明らかにし、男性自身の自己解放をめざす男性学の誕生。

⑦異性愛を「正常」として、それ以外の性的指向を「異常」とみなす、近代社会のセクシュアリティ規範を批判の俎上に乗せ、ゲイ、レズビアンなど、多様な性的指向者の自己認識を図る新しい学問領域（クィア・スタディズ）が誕生してきたこと」

です。

今まで、女性が社会のさまざまな場面で排除されるとき、「女は産む性だから」という言葉をよく聞きました。たしかに女性だけが産むことができます。男性も産めれば、夫婦で交代で産むことができ便利かもしれませんが、そうはいきません。生殖器が違うからです。それで、産む女性が家事をし、家を守り、育児をすることが当たり前と考えら、社会的活動は制限されてきたのです。

しかし、よく考えてみると、産むということと家事全般を担うということは、必ずしも一対一対応ではありません。母乳はともかく、ミルクで育てる場合は男性も関与できますし、その後の育児は男性も関われます。また、掃除・洗濯・料理・介護などは、必ずしも女性だけの仕事ではないでしょう。

専業主婦であれば、妻が家事を行うことは夫とよいバランスをとっているといえるでしょう。しかし、夫婦共働きの場合でも、「家のことは妻にまかせる」という男性が多く、すべてをやりきろうとして倒れてしまう女性も多いのです。これは、生物学的・生理学的性差を超えた、その社会における社会的・文化的性差——ジェンダーなのです。

また、女性を「産む性」と特徴づけることも、いかがなものでしょうか。産むということは、人間として創造的な素晴らしいことで、女性にしか携われない作業です。しかし、結婚しない女性もいますし、産まない女性、産めない女性もいます。産んだとしても、平均寿命が80歳を超えた現在、「産む」ことだけに関わる時間は相対的に短くなっています。出産・育児以外ですごす期間は、70年以上あるのです。産まない女性に「産む女性は家に引っ込んでいろ」という言葉を投げかけるのは、少々時代錯誤といわざるをえません。ある社会における女性の生き方、ライフサイクルは、刻々と変化するもので、固定的なものではないのです。

差別には、残念ながら多くのものが存在しますが、その中で、性差別の特質は、一見自明な生物学的相違に基づくとされるために、差別が正当化されがちな点にあるといえましょう。しかし、性差別の多くは、生物学的差異を超えて、生活、文化、歴史の全般にわたって支配しているのが実態なのです。そうした「常識」に挑戦し、それを打破し、女性を根底的に解放しようとするのがジェンダー論なのです。

ここで確認しておきたいのは、男女の違いは今や、一見してわかるものではないということです。女装の男性もいますし、男装の女性もいます。テレビなどでは、魅力的な「おねえ」がたくさん活躍しています。また、性同一性障害という病気もありますし、何らかの理由で別の性と取り違えられて育てられ、後に正しい性を取り戻す人もいます。また、愛する相手についても、異性愛の人も同性愛の人もいます。現代は、男か女かよりも、個性が大事だということが、やっと認知されつつある時代です。遅ればせながらそうした個性をカミングアウトできる状況に、やっとなったということでしょう。

いわば女性学は、「ジェンダー」という武器をもったことによって、より広く深く、現実をとらえることが可能になったといえましょう。固定的なジェンダー・バイアスを取り除き、男女ともに性別にとらわれず、自由に発言し行動できるジェンダー・フリーな社会を創出していくことが、ジェンダー研究がめざすものといえましょう。

第４節　世界の潮流――「国際女性年」と「世界女性会議」

以上みてきたように、ようやく女性をめぐる諸問題が、社会のさまざまな領域で取り上げられるようになりました。それを強力に後押し、女性たちの活動を刺激し、促進したのが国際連合です。ここでは、国連の動きを中心に、女性問題をめぐる世界の潮流について考えてみたいと思います。

非常に画期的であったのは、国連による「国際女性年」をめぐる一連の活動です。国連はよく、「国際家族年」とか「国際先住民年」など、「国際○○年」と称してキャンペーンをはります。数年にわたるものもあります。

「国際女性年」は10年間の設定でした。すなわち、1975（昭和50）年を「国際女性年」とし、メキシコで「国際女性年世界会議」を開催し、メキシコ宣言と「世界行動計画」を採択しました。さらに1975（昭和50）年から85（昭和60）年までを「国連女性の10年」と定め、女性の地位向上を「平等・発展・平和」のスローガンのもとに世界的に推進するプログラムを企画したのです。このプログラムには、各国のさまざまな団体が参加し、女性をめぐる状況についての対話や作業が世界的規模で行われたのです。

ここで、それぞれの会議の概要をみてみましょう。第１回世界女性会議は、メキシコ・シティーで開催され、133カ国から約3000名が参加しました。メインテーマは「平等・発展・平和」、すなわち、①男女平等の促進、②開発努力への女性の全面的な参加の確保、③国際平和への女性の貢献に関する行動を強化することでした。

当時のワルトハイム事務総長が、「世界には数々の差別があるが、女性差別ほど、大がかりなものはない。なぜならば、世界の人口の半分が差別されているからである」とスピーチしたことはよく知られています。

同会議で採択された「メキシコ宣言」は、「女性があらゆるレベルの政策決定により大きく平等に参加することが、開発の速度と平和の維持を促進するのに決定的に寄与する」こと、また、「すべての国の男女が平等の権利と義務を持つべきであり、男女がこの権利義務を獲得しこれを行使するために必要な条件を作り出すことはすべての国家の課題である」ことを強調しました。

また、「行動計画」は、国際女性年の目的について、「女性が真の、かつ完全な意味で、経済的・社会的・政治的生活に参加するような社会の概念を定め、社会がそのように発展していくための戦略をつくりだすこと」としています。

この会議には、日本からも多くの参加者がありましたが、国内でもそれに合わせて活動が展開されました。たとえば樋口恵子、俵萌子、吉武輝子らは「国際婦人年をきっかけとして行動を起こす女性たちの会」を発足させ、精力的に行動しました。この会を一躍有名にしたのは、インスタント・ラーメンのCM、「わたし作る人、ボク食べる人」に異議申し立てをしたことでした。このCMが、従来の性別役割分業を固定化すると批判したのです。くわしくは後述します。

第２回世界女性会議は、1980（昭和55）年にコペンハーゲンで、「国連女性の10年中間年世界会議」として開催されました。145カ国の代表と１万人のNGOメンバーが参加しました。当時のデンマーク大使は高橋展子氏でした。上記の「行動計画」が５年間でどの程度達成されたかを確認し、後半の５年間の活動方針を検討することが目的でした。そして、「国連女性の10年後半期世界行動プログラム」を採択しました。

画期的なのは、1979（昭和54）年に国連で採択された「女性に対するあらゆる形態の差別の撤廃に関する条約」（女性差別撤廃条約）の署名式を行ったことです。日本を含む多くの国が署名しました。その一部を抜粋してみましょう（内閣府仮訳）。

第１条

この条約の適用上、「女子に対する差別」とは、性に基づく区別、排除又は制限であつて、政治的、経済的、社会的、文化的、市民的その他のいかなる分野においても、女子（婚姻をしているかいないかを問わない。）が男女の平等を基礎として人権及び基本的自由を認識し、享有し又は行使することを害し又は無効にする効果又は目的を有するものをいう。

第2条

締約国は、女子に対するあらゆる形態の差別を非難し、女子に対する差別を撤廃する政策をすべての適当な手段により、かつ、遅滞なく追求することに合意し、及びこのため次のことを約束する。

（a）男女の平等の原則が自国の憲法その他の適当な法令に組み入れられていない場合にはこれを定め、かつ、男女の平等の原則の実際的な実現を法律その他の適当な手段により確保すること。

（b）女子に対するすべての差別を禁止する適当な立法その他の措置（適当な場合には制裁を含む。）をとること。

（c）女子の権利の法的な保護を男子との平等を基礎として確立し、かつ、権限のある自国の裁判所その他の公の機関を通じて差別となるいかなる行為からも女子を効果的に保護することを確保すること。

（d）女子に対する差別となるいかなる行為又は慣行も差し控え、かつ、公の当局及び機関がこの義務に従つて行動することを確保すること。

（e）個人、団体又は企業による女子に対する差別を撤廃するためのすべての適当な措置をとること。

（f）女子に対する差別となる既存の法律、規則、慣習及び慣行を修正し又は廃止するためのすべての適当な措置（立法を含む。）をとること。

（g）女子に対する差別となる自国のすべての刑罰規定を廃止すること。

このように、社会のあらゆる領域で性差別を撤廃しようとするのが、この条約だったのです。その後、日本でも行動計画を作成し、1985年に批准しました。

第3回世界女性会議は、1985年にナイロビで「国連女性の10年最終年世界会議」として開かれ、157カ国の政府代表と、1万5000人のNGOメンバーが参加しました。ここでは、10年間の成果を確認するとともに、いまだ目的は完全に達成されていないとし、「2000年に向けての婦人の地位向上のための将来戦略」（ナイロビ将来戦略）が採択されました。日本でも、「西暦2000年に向けての国内行動計画」を策定しました。

その10年後の1995年、北京で第4回世界女性会議が開催されました。参加者は190カ国の政府等代表と３万人のNGOメンバーでした。この会議では、「行動綱領」と「北京宣言」を採択しました。長くなりますが、重要な文書なので、その一部を抜粋します（内閣府仮訳）。

「北京宣言

1　我々、第４回世界女性会議に参加した政府は、

2　国際連合創設50周年に当たる1995年９月、ここ北京に集い、

3　全人類のためにあらゆる場所のすべての女性の平等、開発及び平和の目標を推進することを決意し、

4　あらゆる場所のすべての女性の声を受けとめ、かつ女性たち及びその役割と環境の多様性に留意し、道を切り開いた女性を讃え、世界の若者の期待に啓発され、

5　女性の地位は過去10年間にいくつかの重要な点で進歩したが、その進歩は不均衡で、女性と男性の間の不平等は依然として存在し、主要な障害が残っており、すべての人々の安寧に深刻な結果をもたらしていることを認識し、

6　また、この状況は、国内及び国際双方の領域に起因し、世界の人々の大多数、特に女性と子どもの生活に影響を与えている貧困の増大によって悪化していることを認識し、

7　無条件で、これらの制約及び障害に取り組み、世界中の女性の地位の向上とエンパワーメント（力をつけること）を更に進めることに献身し、また、これには、現在及び次の世紀へ向かって我々が前進するため、決意、希望、協力及び連帯の精神による緊急の行動を必要とすることに合意する。

我々は、以下のことについての我々の誓約（コミットメント）を再確認する。

8　国際連合憲章に謳われている女性及び男性の平等な権利及び本来的な人間の尊厳並びにその他の目的及び原則、世界人権宣言その他の国際人権文書、殊に「女子に対するあらゆる形態の差別の撤廃に関する条約」及び「児童の権利に関する条約」並びに「女性に対する暴力の撤廃に関する宣言」及び「開発の権利に関する宣言」。

9　あらゆる人権及び基本的自由の不可侵、不可欠かつ不可分な部分として、

女性及び女児の人権の完全な実施を保障すること。

10　平等、開発及び平和の達成を目的とするこれまでの国際連合の会議及びサミット－1985年のナイロビにおける女性に関するもの、1990年のニュー・ヨークにおける児童に関するもの、1993年のウィーンにおける人権に関するもの、1994年のカイロにおける人口と開発に関するもの、及び1995年のコペンハーゲンにおける社会開発に関するもの－でなされた合意と進展に基礎を置くこと。

11　「婦人の地位向上のためのナイロビ将来戦略」の完全かつ効果的な実施を達成すること。

12　思想、良心、宗教及び信念の自由に対する権利を含む女性のエンパワーメント及び地位向上、したがって、女性及び男性の個人的又は他の人々との共同体における、道徳的、倫理的、精神的及び知的なニーズに寄与し、それによって、彼らに、その完全な潜在能力を社会において発揮し、自らの願望に従って人生を定める可能性を保障すること。

我々は、以下のことを確信する。

13　女性のエンパワーメント及び意思決定の過程への参加と権力へのアクセス（参入）を含む、社会のあらゆる分野への平等を基礎にした完全な参加は、平等、開発及び平和の達成に対する基本である。

14　女性の権利は人権である。

15　男性と女性による平等な権利、機会及び資源へのアクセス、家族的責任の公平な分担及び彼らの間の調和のとれたパートナーシップ（提携）が、彼ら及びその家族の安寧並びに民主主義の強化にとってきわめて重要である。

16　持続する経済発展、社会開発、環境保護及び社会正義に基づく貧困の根絶は、経済社会開発への女性の関与及び平等な機会並びに人間中心の持続可能な開発の行為者及び受益者双方としての女性及び男性の完全かつ平等な参加を必要とする。

17　すべての女性の健康のあらゆる側面、殊に自らの出産数を管理する権利を明確に認め再確認することは、女性のエンパワーメントの基本である。

18　地方、国、地域及び世界の平和は達成可能であり、あらゆるレベルにおける指導性、紛争解決及び永続的な平和の促進のための主要な勢力である女性の地位向上と、固く結びついている。

19　あらゆるレベルにおいて、女性のエンパワーメント及び地位向上を促進するであろう効果的、効率的、かつ相互に補強しあうジェンダー（社会的、文化的性差）に敏感な開発政策及びプログラムを含む政策及び計画を、女性の完全な参加を得て、立案、実施、監視することが必須である。

20　市民社会のあらゆる行為者、殊に女性のグループ及びネットワークその他の非政府機関（NGO）並びに地域に基礎を置く団体が、それらの自治を十分に尊重した上で、政府との協力に参加し寄与することは、行動綱領の効果的な実施及びフォローアップにとって重要である。

21　行動綱領の実施には、政府及び国際社会のコミットメント（関与）が必要である。世界会議で行われたものを含め、行動のための国内的及び国際的なコミットメント（誓約）を行うことにより、政府及び国際社会は女性のエンパワーメント及び地位向上のための優先的な行動を取る必要性を認める。

我々は、以下のことを決意する。

22　「婦人の地位向上のためのナイロビ将来戦略」の目標を今世紀末までに達成するための努力及び行動を強化する。

23　女性及び女児がすべての人権及び基本的自由を完全に享受することを保障し、これらの権利及び自由の侵害に対し効果的な行動を取る。

24　女性及び女児に対するあらゆる形態の差別を撤廃するために必要なあらゆる措置をとり、男女平等と女性の地位向上及びエンパワーメントに対するあらゆる障害を除去する。

25　男性に対し、平等に向けてのあらゆる行動に完全に参加するよう奨励する。

26　雇用を含め女性の経済的自立を促進し、経済構造の変革による貧困の構造的な原因に取り組み、開発の重要な行為者として、農村地域における者を含めあらゆる女性の生産資源、機会及び公共サービスへの平等なアクセスを保障する。

27　女児及び女性のために基礎教育、生涯教育、識字及び訓練、並びに基礎的保健医療（プライマリー・ヘルスケア）の提供を通じて、持続する経済成長を含め、人間中心の持続可能な開発を促進する。

28　女性の地位向上のための平和を確保する積極的な手段を講じ、平和運動において女性が果たしてきた主要な役割を認識しつつ、厳正かつ効果的な国際的管理の下に、全面的かつ完全な軍備縮小に向けて積極的に働き、あらゆる側面から核軍縮及び核兵器の拡散防止に寄与する普遍的かつ多国間で効果的に実証し得る包括的核実験禁止条約の締結に関する交渉を遅滞無く支援する。

29　女性及び少女に対するあらゆる形態の暴力を阻止し、撤廃する。

30　女性及び男性の教育及び保健への平等なアクセス及び平等な取扱いを保障し、教育を始め女性のリプロダクティブ・ヘルスを促進する。

31　女性及び少女のあらゆる人権を促進し、保護する。

32　人種、年齢、言語、民族、文化、宗教、障害のような要因の故に、あるいは先住民であるために、エンパワーメント及び地位向上に対する多様な障害に直面しているすべての女性及び少女のあらゆる人権及び基本的自由の平等な享受を保障するための努力を強化する。

33　殊に女性及び少女を保護するため、人道法を含む国際法の尊重を保障する。

34　あらゆる年齢の少女及び女性の潜在能力を最大限に開発し、すべての人々のためより良い世界を構築するため彼らが完全かつ平等に参加することを保障し、開発の過程における彼らの役割を促進する。」

また、同会議で採択された「行動綱領」における12の領域は、女性の問題を考える上での枠組みとなっています。以下にあげておきます。

A　女性への持続し増大する貧困の重荷

B　教育及び訓練における不平等及び不十分並びにそれらへの不平等なアクセス

C　保健及び関連サービスにおける不平等及び不十分並びにそれらへの不平等なアクセス

D　女性に対する暴力

E　武力又はその他の紛争が女性、特に外国の占領下に暮らす女性に及ぼす影響

F　経済構造及び政策、あらゆる形態の生産活動及び資源へのアクセスにおける不平等

G　あらゆるレベルの権力と意思決定の分担における男女間の不平等

H　あらゆるレベルにおける女性の地位向上を促進するための不十分な仕組み

I　女性の人権の尊重の欠如及びそれらの不十分な促進と保護

J　あらゆる通信システム、特にメディアにおける女性の固定観念化及び女性のアクセス及び参加の不平等

K　天然資源の管理及び環境の保護における男女の不平等

L　女児の権利に対する持続的な差別及び侵害。

さらにその５年後の2000（平成12）年６月、ニューヨークで国連特別総会「女性2000年会議」が開催され、180カ国から約4000人が参加しました。私もNGOの代表（SGI）として参加してきました。ニューヨークの青空のもと、色とりどりの民族衣装をまとった女性たちは、晴れやかに自信に満ち、堂々としていました。「女性こそ新世紀の担い手」との言葉があちこちで聞かれ、まさに新時代の到来が感じられたのです。

ところが、それとは裏腹に、会議で取り上げられた問題の多くは深刻なものでした。各国の状況を直接知ることができるのが国際会議のメリットですが、それらを聞くにつけ、「道なお遠し」との感も、深くせざるをえなかったのです。

この特別総会の目的は、北京会議で採択された「行動綱領」等をめぐる各国での実施状況を評価し、今後の活動について検討することでした。国連本部周辺では、連日多くの会議やシンポジウム、ワークショップが開催され、各国の状況が報告され、白熱した議論が交わされました。たとえば、インドの女性は、持参金が少ない妻を夫の家族が殺す「ダウリィ殺人」を、ルワンダの女性は、戦時に行われた女性への性的虐待を、イスラームの女性たちは、女性の諸権利が剝奪されている現状を報告しました。あまりの悲惨さに、会場がシーンとな

り、すすり泣きが聞こえたこともありました。

また、日本における女性の地位が高くないことを、国際社会はよく知っていて、会議で知り合った多くの女性たちによく聞かれたのは、「日本は経済大国なのに、なぜ女性があまり活躍していないのか」ということでした。

たしかに、世界的にみると、日本では女性の力が十分に活用されているとはいえません。かつて国連が、日本では女性差別が継続しており、女性を国の経済的発展に組み込むことに無関心であると、厳しく指摘したことがありました。たしかに、政治や経済への女性の進出度をはかるGEM（ジェンダー・エンパワーメント・メジャメント）では、日本はかなり低位置にあるのです。

一方、力強い女性の連帯を感じさせるセッションもありました。その一つが、「マイクロ・クレジット」の総会です。この運動の創始者は、経済学者であるムハマド・ユヌス氏で、その後、2006（平成18）年にノーベル平和賞を受賞しています。この運動は、無担保で少額の資金を貸出し、女性たちの自立支援、貧困対策に寄与するもので、バングラデシュでは、グラミン銀行が創設されました。貧困対策の新方策として国際的に注目され、主に第三世界に広がっています。

議論が紛糾するなか、６日間にわたる会議は、「政治宣言」と「成果文書」を採択し、幕を閉じました。会議で提起された課題を持ち帰った人々は、新たな闘いを開始したのです。ちなみに、この会議では、女性に対する暴力をめぐる議論が多くなされましたが、日本政府代表は、帰国後、DV問題に取り組み、翌2001年、「DV防止法」を採択しました。

こうした世界女性会議の開催とならんで、国連の会議で女性の問題がクローズアップされたものがあります。その一つが、1993（平成５）年に開催された「ウィーン国連世界人権会議」です。ここでは、女性に対する暴力は重大な人権侵害であることが確認されました。すなわち、「女性への人権侵害の国際法廷」が開催され、①家庭における暴力、②女性に対する戦争犯罪、③女性の身体の尊厳の侵害、④社会・経済的な権利の剝奪、⑤政治的拷問と差別について語り合われたのです。

ここで採択された「ウィーン人権宣言と行動計画」は1993（平成５）年12月20日、国連総会における「女性に対する暴力撤廃宣言」に反映されました。「これによって女性の人権は、女性を暴力からまもる法的理念となったのである」（渡辺和子）との指摘があります。

次に、1994（平成６）年８月にエジプトのカイロで開催された、「カイロ国際人口・開発会議」があります。ここでは、女性の産む権利や地位向上という視点が重視されました。この会議のテーマは人口爆発にいかに対処するかという人口政策でした。

画期的なのは、今まで男性中心に論じられてきた人口政策に、はじめて本格的に女性の視点が導入されたことです。出産の当事者である女性の声を聴いてみたら、さまざまなことがわかったのです。身体にきついのでもう生みたくないと思っても夫に逆らえない、とか、避妊の方法を知らないとか、宗教的理由で中絶ができないとかです。原因がわかれば解決の戦略も立てられます。

この過程で注目されたのが「リプロダクティブ・ヘルス／ライツ」の考え方です。これは、「性と生殖に関する健康／権利」と訳され、生殖を含めた女性の自己決定権を重要視するものです。具体的には、女性が望まない妊娠・出産、避妊方法、不妊手術、人工妊娠中絶などが問題とされ、女性の「産む権利・産まない権利」の重要性が確認されたのです。

会議では、さまざまな社会的・宗教的背景のなかで議論は紛糾しましたが、男性中心に論じられがちだった人口問題が、女性の生き方との関わりで論じられたことの意味は大きいと思われます。

このように国連は、女性をめぐる諸問題に対して、世界的規模で精力的に取り組んできました。2010（平成22）年10月には、「UNウィメン（United Nations Entity for Gender Equality and the Empowerment of Women）」を設立し、2011（平成23）年１月に活動を開始しました。

これは、従来の国連婦人開発基金（UNIFEM)、女性の地位向上部（DAW)、国連国際婦人調査訓練研修所（INSTRAW)、ジェンダー問題と女性の地位向上に関する事務総長特別顧問室（OSAGI）の４組織を統合したものです。初代事務総長には、前チリ大統領のミシェル・バチェレ氏が任命されました。

UN Womenの役割としては、以下のものがあげられています。

＊政府間協議機関である女性の地位委員会等の政策、世界的規準・規範の策定を支援すること

＊加盟国によるこれらの規準の施行、技術的·財政的支援を必要とする国々の支援、市民社会との効果的なパートナーシップ形成を助けること

＊ジェンダー平等に関する約束を履行する国連機関の説明責任を負うこと

＊世界の女性のニーズに応えてUN Womenがめざす目標

＊女性と女児に対する差別の撤廃

＊女性のエンパワーメント

＊開発、人権、人道的対策、平和と安全保障のパートナー・受益者としての男女間の平等の達成

女性をめぐる課題はまだまだ山積していますが、グローバル時代にふさわしい取り組みが、国連のみならず各領域で行われているのは、心強いことです。女性学は、世界的規模で展開されているこうした動きに刺激を受けつつ、同時に、それらの運動に理論的基礎を与える役割も果たしているのです。

第４章　現代社会の女性をめぐる諸問題

ここからは、日本を中心に現代社会における女性をめぐる諸問題を、領域ごとに検討したいと思います。過去の歴史における女性たちのチャレンジのおかげで、女性をめぐる状況はかなり変化してきています。しかし、まだ残る課題も山積しているのです。

第１節　家族における女性

家族はすべての人が属する集団で、基礎集団、第一次集団の代表的なものです。すべての人が自分が生まれた親の家族（定位家族）をもち、また多くの人は成長して結婚等により家族（生殖家族）をもちます。人類の歴史とともに長い歴史をもつ家族において、女性が置かれた状況はさまざまでした。

（1）　変わる結婚観・夫婦観

日本の家族の形態や特性も、歴史によってさまざまでした。古代社会において、奈良時代や平安時代の貴族たちは、いわゆる「妻問婚」を行っていました。結婚は男性が妻の家に行って性関係をもったことで成立し、妻はそのまま実家にとどまり（妻方居住）、夫が通って来るのを待つという形態でした。

『源氏物語』など、平安時代の女性たちが著した書には、夫を待つしかない不安定な妻の状況を映し出しているものが多くみられます。夫が光源氏のように複数の女性の家に通う男であったら、不安はますます増したことでしょう。

しかし、こうした形態はしだいに少なくなっていきます。

中世の鎌倉時代になると、はじめは、妻方一族が主導する「婿取婚」が行われますが、その後、「嫁取婚」が台頭したと考えられています。「嫁取婚」が一般化したのは、とくに上級武士層の世界であったとされ、「これは、この世界においては、封建道徳である主従制の理念がいち早く発達したこと、それにともない男尊女卑の傾向をもつ儒教思想が一般化する機会に恵まれていたことなどに起因するものと考えられる」（鈴木国広）との指摘があります。

さらに室町時代の「嫁取婚」については、次のように考えられます。「室町時代以降に入ると、少なくとも貴族・武士層の世界にあっては、全般的に嫁取婚に移行することになった。もちろんこれは、そのころの一般社会が封建的主従制の影響をうけ、妻の夫家への隷属を容認し始めたことに基づく。それはまた、日本における〈家〉の完成の時期でもあった。この時代、婚姻作法に関する〈嫁入の記〉など数々の書物が現れるのも、そのころまさしく婚姻自体が〈家〉の秩序を維持するための重要儀礼と一般に観念されてきたためにほかならない」（同）と。

近世になると、身分制度や家制度の確立にともない、嫁入婚が確立していきます。すなわち、「近世に入ると、士・農・工・商の身分制度が国家的な制度として確立された。この身分制度は、家を単位として身分、職業、居所を一体化し、上下の序列に強権的に編成したものである。……こうした社会のしくみは、庶民の間にも〈家〉制度を浸透させることになり、〈家〉の重視によって家長の権威・権限が強まった。したがって、この時代の婚姻のあり方も身分制度・〈家〉制度に強く規制されることになった。……家の重視は夫方中心の婚姻形態である嫁入婚を社会的に定着させ、女性の社会および家庭における地位を低下させることになった」（大藤修）と。

たとえば、離婚事情がそれを物語っています。江戸時代には、妻が夫からの一方的な宣言によって離婚をさせられることが多くありました。夫が妻に、いわゆる「三くだり半」といわれる離縁状を渡し、妻はそれにしたがって離婚せざるをえなかったのです。離婚の条件としては、「七去」があげられます。すなわち、舅姑に従わない、子どもができない、淫乱、嫉妬、悪疾、多言、窃盗です。

一方、妻には離婚権がなかったので、離婚したい女性はいわゆる「駆け込み寺」、「縁切り寺」に駆け込んだのです。寺側は事情を調べ、離婚の調停をしました。それでも結果がでない場合は、妻が一定期間、寺勤めをすると離婚が認められることになっていました。有名な縁切り寺としては鎌倉の東慶寺があり、神社でも「縁切り稲荷」とよばれる神社がありました。

さて、近代の明治時代に至ると社会構造やものの考え方も大きく変わりました。妻側からの離婚請求が認められるようになったのは1873（明治６）年の太政官布告によってです。

しかし、家族における妻の位置は、明治民法に規定された「家」制度によって大きく規律されていました。そこには、多くの男尊女卑的な規定が存在したのです。たとえば次のようなものです。

「①妻の無能力

無能力者とは、自分ひとりで法律行為ができない者のことです。現行民法は、制限無能力者として、未成年者、成年被後見人、被保佐人、被補助人の四つを規定しています。ところが、明治民法は、このほかに妻を無能力者としていたのです。したがって、二〇歳になって成年（能力者）になった女性も、結婚して妻という身分を取得すると再び無能力者となって、一定の法律行為をするには夫の許可を必要とすることになりました。

②妻の貞操義務

妻の姦通は家の血統を乱すものとして厳しく咎められましたが、夫の姦通については逆に血統を絶やさないためのものとして寛容でした。明治民法八一三条は、離婚原因として「妻カ姦通ヲシタルトキ」「夫の姦淫罪」について「有夫ノ婦姦通シタルトキハ二年以下ノ懲役ニ処ス其相姦シタル者亦同シ」（一八三条）と規定して、姦通をした妻とその相手方となった男性は処罰されましたが、夫は相手が独身者であるかぎりは刑法上の責任は問われませんでした。

③母の親権

親権とは、親が子に対して有する監護教育を中心とする権利義務のことです。この親権については、家にある父を第一次的な親権者とし、父が不明・死亡などで親権を行使できないときにのみ、母が第二次的に親権を行使できたのです。しかも、父の場合と異なり、未成年の子が財産上の重要な行為をするときの母の同意には、親族会の同意が必要とされていました（明治民法八七七条、八八六条）。

④女子の相続権

戸主の地位と財産を継ぐ家督相続は、男子優先・嫡出子優先・長子優先の原則にしたがって相続される、いわゆる長男単独相続制でした。したがって、女子は男子の存在するかぎり相続人となれないだけでなく、戸主である夫が妻以外の女性の生んだ男の子を認知しているとき（この男の子を庶子といいました）には、この認知を受けた庶子男が、正妻の長女よりも優先して家督を相続しました。妻が家督相続人となりえたのは後順位で、極めて例外的な場合だけでした」（尹龍澤「法のなかの男女平等と不平等」佐瀬一男他『女性学へのプレリュード――女性・人間・社会』北樹出版。一部修正）。

このように、妻は、「一人前」の人間としては考えられていなかった時代でした。

さて、第二次大戦後、日本国憲法が発布され、第14条に「すべて国民は、法の下に平等であって、人種、信条、性別、社会的身分又は門地により、政治的、経済的又は社会的関係において、差別されない」とうたわれ、性による差別が禁止されました。

また、第24条では、「家庭生活における個人の尊厳と両性の平等」がうたわれ、「①婚姻は両性の合意のみに基づいて成立し、夫婦が同等の権利を有することを基本として、相互の協力により、維持されなければならない。②配偶者の選択、財産権、相続、住居の選定、離婚並びに婚姻及び家族に関するその他の事項に関しては、法律は、個人の尊厳と両性の本質的平等に立脚して、制定されなければならない」とされました。

明治民法の男尊女卑的な規定も、憲法の制定を受けて行われた1947（昭和

22）年の民法の親族・相続の二編の全面改正によって、基本的な部分は改められました。すなわち、妻の無能力制度は廃止され、離婚原因については、不貞行為がある場合には夫婦を区別することなく平等に取り扱われ（民法770条１項１号）、親権については、父母の共同親権が定められ（民法818条）、相続にいては、家督相続が廃止されて財産相続に一本化されるとともに、「配偶者は、常に相続人となる」という規定の新設により妻の相続権が配偶者相続権として確立（民法890条）し、子の相続においても男女の区別が廃止されました。

21世紀を迎えた現在、結婚・夫婦観も大きく変化しています。かつて結婚は、男女ともにしなくてはならないものという社会通念がありました。結婚してはじめて「一人前」とされていたのです。

女性でいえば、「適齢期」がきたら結婚し、複数の子どもを産み育て、老いてはやさしいおばあちゃんとして生をまっとうする、それが幸せな女性のフルコースと思われていました。そのため、結婚しない女性を「オールドミス」とか「いかず後家」、子どもをもたない女性を「石女」といったひどい言葉で揶揄することもあったのです。

しかし昨今、結婚は必ずしもしなくてはならないものではなく、いわば「オプション」となりつつあるといってもよいでしょう。意識調査をすると「結婚をするかどうかは個人の自由」、「してもしなくてもよいと思う」といった回答が増えています。実際には結婚する女性は相変わらず多いのですが、それでも、結婚は多様なライフスタイルのなかの一つの選択肢と考える女性が多いことがうかがわれます。

「未婚」という言葉の代わりに「非婚」という言葉もよく用いられるようになりました。「まだしない」のではなく、「しない」というのです。男性の場合は少し事情が異なり、社会的信用を得るために結婚するという側面もありますが、それでも非婚を宣言する男性も少なくありません。さまざまな過程を経てきた結婚制度ですが、今や、当事者一人一人の手に取り戻すことができたといえるでしょう。

（2） 性別役割分業

1．家事労働

家族における女性問題として考えられるものの一つが、性別役割分業です。多くの現代家族においては、男女の性別役割分業が行われています。いわゆる「男は外、女は内」、「夫は外で働き、妻は家庭を守る」というものであり、その基礎となっているのが、妊娠・出産・授乳という女性の生理的機能です。「産む性」である女性は、もっぱら育児をはじめとする家事を担うべきであるというのです。

たしかにかつては、一人の女性が産む子どもの数は多く、平均寿命は短かったので、末っ子をなんとか育て上げたときに女性の寿命が尽きるというのが普通でした。それ以外の仕事や、社会貢献の活動をする余裕はなかったといえましょう。しかし昨今、産む数の減少もあり、子どもに手がかかる時間が短くなる一方、家事労働も電化製品などのおかげで短縮化しています。さらに、寿命が延びたおかげで、子育て終了後に長い時間が残るなど、女性のライフサイクルをめぐる状況は変化しています。

こうしたなかで、女性を「産む性」としてのみ特徴づけて、生涯にわたり性別役割分業を行うことには無理があるといえましょう。そもそも、産まない女性も増えていることを考えると、ますますその感が強くなります。

さらに、ジェンダー論が指摘したように、育児や掃除、洗濯、高齢者介護などの家事をもっぱら女性が担うことを、生物学的・生理的機能の差異だけで説明することはできません。子どもを産むのはたしかに女性だけですが、だからといって家事全般を女性だけが担うということにはならないはずです。たとえば育児も、母親の責任であると同時に父親の責任でもあり、夫婦が協力して行うべきものでしょう。では、なぜ多くの社会で、このような性別役割分業が存在するのでしょうか。

歴史的にみると、こうした性別役割分業が生じたのは、近代産業社会においてでした。前近代においては女性が労働をすることは当然のことであり、不可欠のことでした。そこでは、家族が生産の単位であり、女性を含む一家をあげて生産労働に参加しなければ生活していけなかったのです。女性たちは、スーツを着て、ハイヒールを履いて会社に行くというのではありませんが、自宅近くの畑や海で大きな働きをしていたのです。

それが、産業革命によって工業生産力が発展し、人々が企業に雇用されて職業労働に従事するようになると、男性が外で働き、女性が家庭内で家事を担うという性別役割分業が確立したのです。いわゆる「主婦」の誕生です。一家で一人が働けば食べていける時代の到来です。主婦とは、外で働かなくてすむようになった妻たちだったのです。

しかし、女性は働かなくなったわけではありません。専業主婦も、ほぼ一日中働いているといっても過言ではありません。9時から5時までの勤務より長い時間、家族の「生命の再生産」のために働いているのです。

しかし、一般に労働というと、現金や現物の形で対価を受ける活動に限定されており、労働統計もこの定義を採用しているため、家事、育児、介護のような「労働」は排除されてしまいます。現在の性別役割分業のもとでは、これらの大部分は女性の不払い労働（アンペイドワーク）によって担われているのです。こうして、女性は家庭にあって、イリイチのいう「シャドウ・ワーク」を担うことになります。シャドウ・ワークとは、効率を追求する産業社会における労働に対して、私的生活における家事労働などの無償労働をさします。

問題は、このように家庭内で行われる労働が、給与や賃金を稼がないことによって価値が低く見られてしまうことです。現代社会には、稼ぐ金額で人を判断する傾向があります。社会的に有意義な仕事をしている人も、給与が低いと何かしら社会的に下の存在と考えられてしまうのです。こうした金銭至上主義が、休日もなく働いている女性の価値を低くみてしまう背景にあるのです。さらに、家族におけるこのような女性の位置づけは、社会的にみても女性が男性に比べて能力の劣る存在であるという考え方を社会一般に浸透させていくことになりました。

もう一つの問題は、「家事は女性」という社会通念が、夫婦のあり方に影響を与えることです。夫が働き、妻が専業主婦である場合、妻が家事全般を担うのはよいバランスであるといえます。ところが、共働きの夫婦の場合でも、女性が家事全般を担い、過労で倒れてしまう例が多いのです。この場合は話し合いで家事も分担するのが、よいバランスといえるでしょう。ところが、従来の観念に縛られていると、それができず、ひいては夫婦関係の破綻をもたらすことさえあるのです。

最近は、そうした家庭内の労働を評価し、経済状況に反映させようとする「愛情の経済学」を提唱する経済学者が登場しています。また、「家事労働を給与に換算するといくらになると思うか」といった意識調査なども行われています。回答される金額はさまざまですが、すべてを業者に託す、いわゆる「家事の外部化」をした場合の総額は莫大な金額にのぼるとの回答もあります。このような試みにより、家庭での労働の意義が再認識されつつあります。

夫婦が、社会通念に惑わされず、互いを理解し、自分たちにふさわしい役割分担を納得して行い、いたわりあいながら生活するとき、余計なストレスはなくなるでしょう。ジェンダー・フリーな夫婦関係、家族関係が望まれます。

2．出産・育児

女性は社会的に劣るけれども、母はすばらしいという考え方があります。もちろん、母としての女性は、出産というクリエイティブな作業をなし、自己犠牲的な精神で子どもを育み、家族を守り慈しむ偉大な存在であることはたしかです。それをいくら称賛してもしきれないのは事実です。

ただ問題は、女性を女性そのものとしてではなく、「母性」のみを過度に評価しようとすることです。女性の「母」としての側面、すなわち妊娠・出産・授乳に大きな意味を見出し、女性を、一個の人間としてではなく、子どもを産み育てる母親としてのみ評価しようとする考え方です。

こうした「母性礼讃」は、家父長制度のもとで強化されたといわれます。妻の役割は子どもを産むこととされ、「腹は借り物」などといわれたことがあります。数年前、ある男性の国会議員が、「女性は子どもを産む機械」と発言して物議をかもしたことがありますが、こうした考え方は現代にも影を落としているのです。それによると、子どもを産まない女性、産めない女性は、一人前の女性としては認められないことになってしまいます。

こうした考え方は、育児は女性の責任であり使命であるという「育児女性天職観」につながります。よく、夏になると、痛ましい事故が報じられます。子どもを炎天下の駐車場の車のなかに残してパチンコをしていたら、子どもが脱水症などで亡くなったというものです。毎年、必ず起こることに驚きと怒りを禁じえませんが、それを報じる新聞などで、「母親失格」「無責任ママ」などという文字が躍ることが多かったのです。でも、記事をよく読むと、パチンコをやっていたのは夫婦の場合が多いのです。「父親失格」という表現がほとんどないのは、育児は母親の専権事項であるとの暗黙の了解があるからだと考えられます。

こうした通念の根底には、「母性本能」の考え方があります。すべての女性は、生まれつき子どもを産み育てる本能をもち、そのことに適しているはずだというのです。この論理にしたがうと、出産・育児という役割を十分に果たせない女性は、「母親失格」「母性喪失」「無責任ママ」ということになってしまいます。

しかし、最近はこうした考え方は否定されています。母親としての資質や能力は、本能というよりもむしろ後天的に学習されるものとされます。「育児」は「育自」といわれますが、子どもを育てることによって、母としての自分を育てているといえるでしょう。そうした点からいえば、育児は母でなくても、父でも家族でも、あるいは地域の友人でも担うことができるのです。最近、「ご近所で子どもたちを育てる」という動きも見られますが、多様な育児のあり方が模索されるべきでしょう。

母性の礼賛は、一見女性を高く評価するようでありながら、実は女性を母親の役割のなかに閉じ込めるものであり、一人の人間としての女性の成長や自己実現を阻む要因になることも多いのです。

（3） 離婚事情

結婚をする人がいれば、離婚をする人もいます。かつて、離婚をするにはかなりの勇気が必要であったといえます。世間の目を気にして離婚に踏み込めない人も多く、離婚をしても後ろめたい思いが残ったのです。

しかし現在は、離婚をするカップルは珍しくありません。「出戻り」といった暗いイメージは薄れ、あるタレントが離婚を「バツイチ」と明るく表現して以来、それが用いられる傾向もあります。何らかの理由で結婚生活が破綻した場合、苦しみや争いを引きずるのではなく、早く切り上げて次のステップに踏み出したいと考えるのが一つの選択肢となってきたといえるでしょう。

離婚がもっとも多い時期は、結婚初期であるといいます。互いに別々に生きてきた二人が共同生活を始めるのですから、いろいろと摩擦が起きるのも当然といえます。歯の磨き方から味噌汁の味まで、それぞれ折り合いをつけながら、

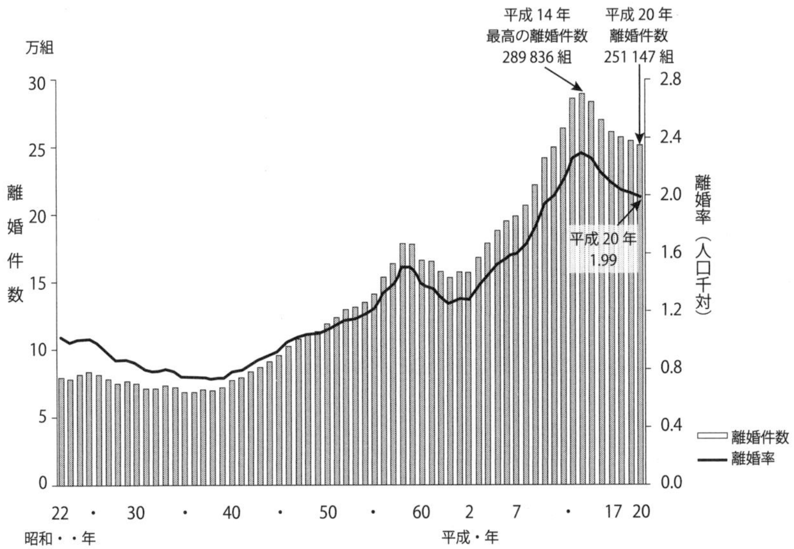

図1-1　離婚件数及び離婚率の年次推移

（厚生労働省『平成22年人口動態統計月報年計（概数）の状況』より作成）

二人の生活スタイルを築き上げていくのがこの時期でしょう。しかし、それがうまくいかない場合、新婚旅行から帰ってきて、成田空港からそれぞれの実家に戻ってしまうという例もあります。いわゆる「成田離婚」です。

その後も、夫婦は何回かの危機に襲われます。精神科医の高山直子氏は、夫婦関係の破綻（離婚を含む）として、六つの契機をあげて説明しています。非常に示唆に富む内容なので、少し長くなりますがご紹介したいと思います。

「ある論説によれば、夫婦というものは六回ぐらい変容を遂げていくものである。そして、夫婦の破綻というものは、実はこの変容をうまく自分の中で整理し、消化し、そしてかつ、血肉化できないときに起こるものであるという説がございます。

では、その変容について精神科の立場から少し話していきますと、この夫婦という一連の流れは、一つは結婚についてですが、結婚ということはまず、自分の両親から乳離れをして一人の男と女が出会う、そして家庭を築くという問題を含んでおります。要するに結婚の第一の条件は、自分がいかに親から乳離れして、子どもから大人になるかという問題であります。

そして二番目には、子どもをつくるということは自分が父親になる、または自分が母親になるという、父という役割、母という役割をいかに自分が自分のものにできるかという問題であります。

そして三点には、子どもを育てていく中において、子どもが例えば小学校に入ると、その子どもと子ども同士のつき合いを親が見守る立場、いいかえると、子どもの友達の家庭とのつき合い、PTAとのつき合い、また子どもを通して地域への参加という、子どもの成長につれて、親も子どもの成長という範囲内での社会参加が必要になってくる。この社会的に参加するという変化を遂げるわけであります。

さらに、子どもが思春期になったときに、反抗期という問題がございます。この反抗期というものは、実は子どもから突きつけられた、今度は人間としての親に対する攻撃であります。要するに、子どもが突きつけるものは、母として、また父として立派だとしても、人間としてどうなんだという、改めて三〇歳代後半、また四〇歳代を通じて子ども側から強烈に人間としての生き方を問われていく。人間としてどのような人生を送ってきたか、またこれから送っていくのか。そして、人間として子どもと一対一のよい関係になるためにはどうすればよいのかという問いを含んでおります。

また、今度は、子どもたちが大きくなって巣立っていく。要するに、大切なものを巣立てさせる。人生の中で失う。喪失という別れに耐えられるかどうか。子どもを手放すことによる悲しみを乗り越えられるかどうか。そして、長年連れ添ってきた、父であった、母であった、そういう関係性が、今度は夫と妻という二人連れにもう一度戻れるか、再度の二人の結婚ができるかという問いを投げかけております。

そして六番目には、今度は年をとってきて、連れ合いが例えば痴呆症になる、または体が不自由になっていく。子どもたちも遠くに離れている。また、離れていなくても、そういう自分の相棒が老いという切実な現実に向かっている。自分がそれを手助けせねばならない。出会ったころの若さも、色香も、そういうものもなく、例えば年とった妻を介護する夫は、妻の排せつ物の世話をしたり、ご飯を食べさせてあげたり、まるで自分の子どものように面倒をみなくてはならない。その反対もしかりでございます。そこには、好きだという感情も、性的な魅力も何もない世界が広がっています。ただ、ともに生きてきた人間として、老いてきて生を終わろうとする弱き人間としての相棒がいる。そしてその相棒を、何の保障もなく、何の希望もなく、ただ死ぬまでみとっていく。それはまさに生命あるものが生命あるものを見守り、慈しみ、ただ命あるということだけでその人の世話をするという、生命愛ということだけでその人の世話をするという、生命愛というべき段階に入っていくわけであります。

この六つの段階を経て、夫婦というものは完遂をしていると私たちはみております。よって、問題が起こるのは、子どもから大人になれないとき、そして、自分が父親になれない、父親の役割を担えないとき、母親の役割を担えないとき、三つ目には、社会的参加ということに対して自分が適応しにくいとき。四つ目には、人間としての問いかけに対して、自分がこたえ切れないとき。五つ目には、喪失という悲しみを自分が乗り越えられないとき、六として、再度夫婦という、二人が再度の結婚をし直せないとき。そして、最後には、生命愛という次元に入れない関係のときに夫婦は破綻していくということになるわけです。

要するに、夫婦の離婚の可能性は、この六つの段階ごとに起こる。そして、どの段階かを失敗したときに、その夫婦は破綻するわけであります。離婚という形でそれが行われる場合もあれば、家庭内別居という白々として、寒々とした形でそれが行われるわけであります。反対に、この六つの変容を優雅に、軽やかに、または苦しみつつも乗り越えていったカップルだけが、最後に深々とした、来世もまた一緒になろうねというような魂の呼びかけができる夫婦として、この人生を終わることができるのであります」(「女性の生い立ちと夫婦関係」栗原淑江編『女性のための人間学セミナー』第三文明社)。

このなかでも述べられているように、最近は、結婚当初のみでなく、長年つれそい、子どもを育て上げた夫婦の離婚、いわゆる熟年離婚がふえています。長年にわたって家庭生活を営んできた夫婦にも、最終段階になって危機的状況が訪れることがあるのです。これはある部分、家庭における性別役割分業の結果ともいえます。

現実の家庭生活においては、夫は家事全般にほとんど参加していないという実態があります。「夫は外、女は内」という性別役割分業は、夫婦の生活を内と外の二つの世界に引き離します。その結果、夫婦間に共通の話題が少なくなり、価値観や感受性といった点での夫婦間のずれが生じ、夫婦のコミュニケーションは希薄になるでしょう。夫不在の家庭生活の中で、外部とのつながりを失った妻は、不安や孤独、不満を強めてゆきます。

妻たちが陥りがちな「台所症候群」や「妻たちの思秋期」の現象は、よく知られています。思春期ではなく、人生の秋、たそがれを感じるのです。女性の50歳代は、更年期障害にみられるような身体的変化、両親の介護や看取り、子どもたちの巣立ち、夫の定年などの環境の変化など、肉体的にも精神的にも大きな変化に見舞われる時期です。

他方、夫の方も、「帰宅拒否症候群」におそわれたりします。そうした状況のままで、定年を迎えた夫が家庭に戻っても、「ぬれ落ち葉」や「恐怖のワシ族」、「産業廃棄物」として妻にうとまれるようになってしまうでしょう。「定年症候群」にかかるのは、夫ではなく、妻なのです。こうしたことは、しばしば中高年の夫婦関係の破綻を招く原因となっています。

年金制度の変更も、離婚を考える女性たちの追い風になったといわれます。すなわち、2007（平成19）年4月から、今までは離婚した妻はもらえなかった夫の厚生年金を、離婚時に分割できるようになったのです。制定された時にはかなり話題になりました。また、2013（平成25）年1月には、離婚調停の制度が変更され、今まで夫婦別々に行っていた調停に夫婦一緒に出席するようにな

表1-1　同居期間別離婚件数の年次推移

同居期間	60	平成7年	19	20	21	22	対前年増減	対前年増加率(%)
総　数	166 640	199 016	254 832	251 136	253 353	251 383	△1 970	△0.8
5年未満	56 422	76 710	86 607	84 198	84 682	82 892	△1 790	△2.1
1年未満	12 656	14 893	17 206	16 668	16 584	15 697	△887	△5.3
1～2	12 817	18 081	19 617	19 115	19 480	18 796	△684	△3.5
2～3	11 710	16 591	18 162	17 999	18 250	17 735	△515	△2.8
3～4	10 434	14 576	16 572	15 812	16 187	16 194	7	0.0
4～5	8 825	12 569	15 050	14 604	14 181	14 470	289	2.0
5～10年未満	35 338	41 185	56 335	55 004	53 652	53 449	△203	△0.4
10～15年未満	32 310	25 308	33 693	33 606	34 180	34 863	683	2.0
15～20年未満	21 528	19 153	24 166	24 264	24 983	25 619	636	2.5
20年以上	20 434	31 877	40 353	38 920	40 096	40 085	△11	0.0
20～25年未満	12 706	17 847	17 789	16 932	17 296	17 413	117	0.7
25～30	4 827	8 684	10 796	10 673	10 976	10 749	△227	△2.1
30～35	1 793	3 506	6 261	5 867	5 950	5 729	△221	△3.7
35年以上	1 108	1 840	5 507	5 448	5 874	6 194	320	5.4

注：総数には同居期間不詳を含む。

（厚生労働省『平成22年人口動態統計月報年計（概数）の状況』より作成）

《コラム２　「離婚式」》

これから離婚する夫婦または、すでに離婚した元夫婦を対象にしたサービスで、寺井広樹氏が提唱、実践している。公式サイトには、「ご家族やご友人の前で『再出発の決意』を誓い合う前向きなセレモニー」とある。

寺井氏によると、離婚式を申し込むのは男性が９割で、「けじめ、区切りをつけたい」というのがその動機だそうである。

式次第は、①二人が「離婚に至った経緯」を司会者が参列者に向けて説明、②二人から一言挨拶、③友人代表挨拶、④「最後の共同作業」（結婚指輪をハンマーで叩き割る）、⑤会食、となっている。

その他、オプションとして、二人が出会ってから別れるまでの写真をスライドショーで流すこともできるそうである。

興味深いことに、離婚式を挙げたことによって離婚を思い止まった夫婦もいるという。幸せだった時期を思い返し、また参列した友人や親族に励まされて、もう少し頑張ってみようと思い直すのだという。

り、従来よりもスムーズに話し合いが行われるようになりました。

世間体を考えて離婚には至らなくても、「家庭内離婚」、いわゆる「仮面の夫婦」も存在します。また「終の棲家」である老人ホームに、夫婦別々に入所するという事例もあります。もっとすさまじいのは、生きているうちは我慢するけれど、夫と同じお墓には入りたくないという妻がいることです。長年の夫婦としての生活がどのようなものであったかを、寒々と想像させる事例です。

共に生きようと決めた以上、コミュニケーションをとり、相手が何を考えているか、何を必要としているかを互いに知り合い、努力することも必要でしょう。

（４）　夫婦別姓論議

最近の日本で話題となっているものの一つに、「夫婦別姓」の問題があります。これは、婚姻届を夫婦別姓のままで出せるようにしようという提案です。現在の日本の法律では、「夫婦は、婚姻の際に定めるところに従い、夫又は妻の氏を称する」（民法750条）とされ、夫婦同姓が義務とされています。

男女どちらの姓を名乗ってもよいことになっていますが、実際には98%以上が男性の姓を用いているといいます。その背景には、「嫁入り」に象徴されるような、「妻は夫の家に入る」という根強い考え方があります。

それに対し、主として結婚による改姓を不利・不便なものと感じる女性たちから、夫婦別姓制度を求める声があがりました。自分の名前で社会的信用や実績を積んできた女性が、結婚による改姓で不利をこうむるというのがその理由です。各種書類の書き換えも一仕事です。また、離婚や再婚のたびにプライベートな私生活の状況を職業上で説明しなくてはならないわずらわしさも指摘されています。

さらに、そうした主張の根底には、便利とか不便とかいうだけではなく、個人として生涯にわたって一貫した名前を通したいとの、アイデンティティにかかわる要求があります。さらに、結婚によって一方が他方に吸収されるということに違和感を感じ、「夫婦のパートナーシップ」を実現したいとの思いがあると思われます。

夫婦別姓論の支持者の多くは女性ですが、婿養子となった若い男性の支持の声もあることは注目されます。さらに、子どもの数の減少で、「長男・長女の一人っ子」同士の結婚も増え、どちらかの姓が消えてしまうことに危機感をおぼえる人たちによる支持もあります。

そうした声に対応し、旧姓を「通称」として使用することを許可する企業・団体も現れています。行政も立ち上がり、家族法改正の一環として夫婦別姓導入についての試案を提出したことがあります。1991（平成3）年より法制審議会において夫婦の姓を含めた家族法の見直し作業が始まり、1994（平成6）年に法務省は「民法改正要綱試案」を公表し、選択的夫婦別姓制度として、三つの案（A案・B案・C案）が提示されました。各案の大筋はつぎの通りです。

A案：夫婦同姓を原則とするが別姓も認める。その場合、子の姓は婚姻時に決める。

B案：夫婦別姓を原則とするが同姓も認める。別姓夫婦の場合、子の姓は出生時に決める。複数の子がいる場合、子の姓が異なることもある。

C案：夫婦同姓を原則とするが、婚姻時に届け出をすることにより婚姻前の姓の使用が法的に認められる（相手方の同意が必要）。

これは、A案（原則同姓で別姓も選択できる）、B案（原則別姓で同姓も選択できる）、C案（夫婦同姓だが、旧姓を通称として使える）の三案を併記したもので、今後これらをめぐって活発に議論がなされるころでしょう。今まで自明とされていた夫婦のあり方を問いなおす一つの契機として興味深い問題です。

さて、日本は伝統的にずっと夫婦同姓であったかと思う人も多いのですが、実は歴史をひもといてみると、夫婦別姓の時代もあったのです。鎌倉時代の北条政子の夫は源頼朝でした。それに、そもそも一般庶民は姓をもっていなかったのです。

明治時代に姓を名乗ることを許され、1889（明治32）年公布の明治民法によって夫婦同姓制が始まりました。妻は結婚によって夫の家に入るため、夫の家名である姓を名乗ることとされたのですが、1946（昭和21）年の日本国憲法によって、同姓が義務とはいえ、夫か妻のどちらの姓でも選択できるようになったのです。

また、目を世界に転ずると、夫婦同姓を義務づけている国はむしろ少数派です。韓国やシンガポールは別姓を定めていますし、アメリカ、イギリス、スウェーデンなどは、夫婦ともに自由に姓を選択できます。また、ドイツ、ベルギー、ノルウェーなどは自分か相手の姓から選択できます。この他、ミドルネームなどに旧姓を残す場合もあります。このように、現在、夫婦の姓についての制度はさまざまです。

法や制度は、その時代・社会を生きている人たちのためにあるものです。人々の考え方やライフスタイルが変化し、従来の法が不都合なものと感じられたときには、改正をしたり、新たにふさわしい新たな法を作ったりする必要があるでしょう。子どもに豪華で高価な服を着せてあげても、子どもが成長して着られなくなるときがくるのです。そのときに、「高かったんだから」と着せようとしても無理があります。成長にあわせた服を与えるべきなのです。別姓議論も、新しい時代にふさわしいものかどうかを問いながら決定すべきものといえるでしょう。

（5） 家族のゆくえ

国連は、1994（平成6）年を「国際家族年」とし、「家族からはじまる小さなデモクラシー」のスローガンをかかげてキャンペーンを実施しました。現在と将来における家族のあり方を考え、行動するものでした。日本でも、それにともない、変化しつつある家族についての議論が活発になりました。

現在、家庭における性別役割分業についての考え方も変化しつつあります。近頃、注目を集めているのが、家事全般を担ういわゆる「主夫」と、育児をする男性、いわゆる「イクメン」の登場です。主夫は、主として妻が働いて生計を支え、夫が家事全般を行うというものです。夫婦で話し合って、最善の形として選び合った結果でしょう。インターネットのホームページでも、いろいろ工夫しながら家事をこなしている主夫たちの姿が公開され、共感の輪を広げています。

一方、イクメンは、「イケメン」をもじったものですが、育児に積極的に参加する夫のことです。厚生労働省によれば、「子育てを楽しみ自分自身も成長する男性のこと。（または将来そんな人生を送ろうとしている男性のこと）」です。

厚生労働省は、2010（平成22）年6月に、男性の子育て参加や育児休業取得の促進等を目的としたイクメンプロジェクトを立ち上げ、男性の育児参加の機運や、男性の育児休業取得率を高めようとしています。スローガンは「育てる男が、家族を変える。社会が動く」です。具体的には、男性の育児休業の取得促進に向けた職場や地域における意識啓発、男性が育児をすることについての社会的気運の醸成を目的とした周知啓発活動を実施しています。

イクメンは、今まで気づかなかったことを教えてくれます。おむつ替えをする設備が女性トイレにしかないこと、赤ちゃんを負ぶうヒモやおむつバッグが赤やピンクの花柄などが多く、男性には使いづらいことなのです。彼らに指摘されてはじめて認識されたことでした。現在は、それに対応して、トイレの共有スペースにおむつ替え台を設けたり、グレイやブラウンのシックな負ぶい紐やおむつバッグが登場しています。

高齢化社会、ライフスタイルの変化などに伴い、家族の状況も大きく変化しています。家族の概念や家族の構成員の範囲、家族のあり方なども問い直されつつあります。家族自体が「ゆらぎ」のなかにある現在、性別役割分業や母性信仰を抜本的に再検討し、家族における真の諸個人の発展・向上を考えていく必要があるでしょう。

第２節　職場における女性

労働は、人間が生きていくうえで非常に重要なものです。第一義的には対価としての収入を得るためですが、労働を通して自己実現することや、社会貢献をすることなど、さまざまな意義があります。これは女性にとっても男性にとっても同じことです。しかし、現実には、労働の場においても女性に対する性差別が長年にわたって行われており、今も行われているのです。

近年、女性の職場進出の増大が話題になっています。その背景としては、女性の側からすれば、高学歴化に伴って働く意志と能力をもつ女性が増加したことや、少子化や家庭用機器の普及によって育児・家事の負担が軽減され、余暇時間が増加していることがあります。他方、雇う企業の側からすれば、技術革新の進展に伴って、身体的な労働だけでなく、女性が担える分野が拡大してきていることがあります。では、具体的にはどのような問題があるのでしょうか。

（1）　性差別的待遇

1．職場における性別役割分業

職場で行われる性差別の一つとして、職場においても伝統的な性別役割分業がみられることがあります。伝統的な社会通念における「男は仕事、女は家庭」という割り当てが、仕事の場である職場にまで顔を出すのです。

たとえば、「お茶くみ」の問題があります。来客接待などの業務としてではなく、社員同士で休憩時や食事時にお茶をいれることです。「家でも職場でも、お茶くみは女性の仕事」というわけです。仕事が忙しいときでも、時間がくると仕事から離れ、女子社員が周囲の男性たちにお茶をいれるという習慣がある会社も多いのです。

ある女性から聞いた話ですが、入社して研修初日を迎えたとき、最初に言われたのは、「男性は事務室へ、女性は厨房へ」ということだったそうです。男性はすぐ仕事の研修に入ったのに、女性はまずお茶のいれ方を教えられたのだそうです。周囲の10人くらいに10時と昼と午後３時にお茶をいれること。各人が「マイカップ」を厨房に置いているので、それを覚えること。かつ、誰は日本茶、誰はコーヒー、砂糖はいくつかも覚えること。それが女性に対する研修初日のメインだったそうです。顔も知らない先輩たちのマイカップを覚えるのは大変なことでしょう。

それにしても、女性にのみその役務が割り当てられたことは、職場における性別役割分業の表れといえましょう。彼女も、早く仕事を覚えたいのに、そのようなことに時間をとられたことに釈然としなかったといっていました。しかも、そのお茶くみのために仕事が滞ると、「だから女はだめだ」といわれるのだそうです。最近では、そうしたシステムに異議を唱える女性社員も増え、自動給湯器を置く会社も増えているようです。

また、家庭では大事なことを決めるのは男性（夫）ということを反映して、女性はもっぱら補助的、二次的な仕事を任せられ、責任ある役務になかなかつけない傾向もあります。会社にかかってきた電話を女子社員がとり、話を聞こうとしたところ、「女ではだめだ。男を出せ」といわれることがあったといいます。また、ある女性は、建設会社の社長であった夫を亡くし、社長となって取引会社に契約を取りにいったところ、「女をよこすとは、うちの会社をバカにしている」といわれたといいます。

また、女性が補助的な枠内で働く分には問題になりませんが、そこをはみ出ると、男性によるいやがらせや排除が行われることもあります。競争相手としてライバル視するのでしょう。

2．賃金、昇進・昇給

さらに深刻なのが。仕事の評価としての賃金、昇進・昇給における性差別的待遇です。たとえば、初任給から男女差があることがあります。これはもちろん法律違反ですが、「職務がちがうから」などといって見逃されることもあるのです。学校に通っている間は、女性だからといって授業料を安くしてもらうことはないのに、同じ教育を受けて卒業したとたんに値段の差がついてしまうのです。

また、賃金や昇給、昇進などの待遇にも、依然として性差別がみられます。同年齢、同キャリアの男女も、数年たつと昇給や昇進に大きな格差が生じることが多いのです。女性には、上が見えるけれどもそれ以上、上に行くことができない「ガラスの天井」があるといわれます。

後から入社した男性にどんどん追い抜かれていく女性たち。しかし、長い間、それは当然のことと考えられ、問題にする人は少なかったのです。もし逆に、男性が、後から入社した女性に追い抜かれていったとしたら、必ず抗議をしたことでしょう。「性別ではなく、仕事の結果で評価してくれ」と。

それでも、女性たちの多くは、不満ながらも泣き寝入りをしていたのです。しかし勇気を出してこの問題にチャレンジし、裁判を起こした女性たちもいます。それらの多くは原告が勝訴し、職場における女性のアンフェアな待遇を改善する契機となっているのです。それらのいくつかを『働く女たちの裁判』から引用してみましょう（大脇雅子・中野麻美・林陽子『働く女たちの裁判　募集・

《コラム３　ガラスの天井》

女性の労働市場参加が著しく進み、女性が一家の養い手となる機会が増加したアメリカで用いられた、性差別を著す造語。1986年に『ウォール・ストリート・ジャーナル』紙に初めて現れたといわれるが、異説もある。

「ガラスの天井（glass ceiling）」とは、仕事の場で女性がどんなに能力を発揮しても、男性と同じように上昇することができない、つまり、ある所まで昇ると、向こう側は見えるが突き破ることのできないガラスでできたような天井が存在するということを表現している。

1991年にジョージ・ブッシュ大統領の下で、閣僚、連邦議員、専門家で構成される大統領特別委員会が設置された。この委員会は、「市民権法」にもとづいて、職業活動における性差別を機会の平等という観点から是正することを目的として活動し、この用語を用いた。

現在は、男女を問わず、マイノリティの地位向上を阻む壁として用いられるようになっている。

採用からセクシュアル・ハラスメントまで』学陽書房)。

「賃金、昇進・昇格に関する男女差別のリーディング・ケースとなったのが秋田相互銀行事件(秋田地裁昭和五〇年四月一〇日判決)である。この事件では、男性行員にはA表、女性行員にはB表という『男女別立て賃金表』の違法性が争点となった。銀行はある時点以降、扶養家族の有無でA表、B表を分けたが、扶養家族のいない男性(B表適用者)にはA表との差額を『調整給』として支払ってきた。裁判所はこれを明らかな労基法四条違反と認め、銀行に差額賃金の支払いを命じた。……

さらに、一時金や昇給の支給率の男女差が争われたケースとして日本鉄鋼連盟事件(東京地裁昭和六一年一二月四日判決)がある。この事件は、男女コース別雇用の違法性などその他の法律上の論点も多く含んでいるが、賃金差別に関しては男女別の昇給率、一時金支給係数が違法、無効とされ、差額の支払いが命じられた。

以上はいずれも『男女別の賃金表』『手当の支給制限』『男女別の昇給率』といった、制度的・集団的な差別が問題とされた事案である。これに対して、制度として差別的な賃金規定は存在しないが、実際の運用によって女性には低い賃金しか支払われていない、というケースがあり、現実の賃金差別はこの形態であることが多い。これが最初に争われたのが、日ソ図書館事件(東京地裁平成四年八月二七日判決)である。この判決は明確な賃金規程を持たない中小企業における、男性と女性の職務の比較を行ない、『労働の質及び量』が同じである以上、賃金も男女同一でなければならない、と判断した。同じような環境にある女性労働者にとって、この判決が先例として持つ意味は非常に大きい。……

昇進・昇格差別については、地方公務員の昇格差別が争われた鈴鹿市役所事件(津地裁昭和五五年二月二一日判決。名古屋高裁昭和五八年四月二八日判決。上告中に和解が成立した)がリーディング・ケースとなった。

この事件は、市と労働組合との間で一定の昇格基準が設けられていた場合に、その運用の結果、女性の昇格が遅れている、として原告が憲法、地方公務員法違反を理由に損害賠償の請求をした。一審判決は、この昇格基準は一定の在職・

在級年数を満たす者に昇格を認めているものと判断し、原告が昇格しなかったのは性別による不利益取扱いである、と認め、賃金差額（二万六一五〇円）、慰謝料（一〇〇万円）、弁護士費用（四〇万円）の支払いを市に命じた。

これに対して控訴審は、公務員を昇格させるかどうかは任命権者（市）の裁量であることを理由に、原告を逆転敗訴させた。しかし上告審で和解が成立し、市は原告を昇格させる処分をとった。このような実質勝訴の和解をもたらしたのは、この事件が全国初の昇格差別の裁判であることから、多くの注目を浴び、各地の女性たちが原告を支援してきたからである。……

賃金、昇進・昇格をめぐっては、一九八〇年代後半から一九九〇年代にかけて、女性たちによる提訴や調停申立が相次いでいる。その背景には、コース別人事管理の導入でごく少数の総合職女性に『男並み』の待遇が与えられる半面で、いっこうに地位が向上しない中高年女性の怒りがある。」

このように、女性たちは待遇における性差別にチャレンジし、裁判によって一つひとつ重い扉を開いてきたのです。

3．定年差別

定年の年齢が、男女によって数年の開きがある企業も少なくありません。男性55歳、女性30歳とした例もありました。労働基準法ではそうした差別は問題とされますが、企業内では慣習的に行われているのです。

男女定年差別についての代表的な訴訟と判決についてみてみましょう（前出『働く女たちの裁判　募集・採用からセクシュアル・ハラスメントまで』）。日産自動車事件（東京地裁昭和48年３月23日判決、東京高裁昭和54年３月12日判決、①最高裁第三小法廷昭和56年３月24日判決）です。

「一　事件のあらまし

中本ミヨ（一九一九年生）は、高等女学校を卒業した後、一生の仕事を身につけるために女子機械工補導所製図科に通い、一九四六年に富士産業に就職した。この会社はのちに営業譲渡、合併のため日産自動車に引き継がれ、中本はここでトレース工または製図工として働いてきた。

六九年一月に中本は満五〇歳となった。当時、日産自動車の就業規則は『従業員は男子五五歳、女子五〇歳をもって定年とする』と定めており、この規則に従って中本にも定年退職の通知が送られてきた。

この就業規則は男女差別であり、無効である、として中本が提訴したのが本件である。

中本はまず会社を相手に仮処分の申し立てを行った（これは裁判所の判決までに相当の時間がかかることが予想される場合、簡略な手続きによって従業員である仮の地位を定め、賃金の支払いを受けることを目的になされる手続きである）。この仮処分の申し立てに対し、裁判所は第一審（東京地裁昭和四六年四月八日）、第二審（東京高裁昭和四八年三月一二日）ともに、『本件定年制には合理的根拠がある』、として中本の申し立てを認めなかった。とりわけ仮処分の第二審判決は、『一般的に見て女子の生理的水準は男子に劣り、女子五五歳のそれに匹敵する男子の年齢は七〇歳位と見られている』『女子従業員は勤続年数を重ねても企業への貢献度は男子ほど向上しない』ことなどを理由に掲げたことから、これらの点について本裁判の内容が注目されていた。

二　判決の内容（本裁判の第二審判決を以下では紹介する）

判決はまず、『定年制における男女差別は企業経営の観点から合理性がない場合、または社会的見地から許容し得ないものであるときは、公序良俗に反し無効である』という原則論を述べる。その上で、日産自動車における女性の担当職務、勤続年数、賃金体系を詳細に検討する。

仮処分判決が重視した男女の『生理的年齢の差』については、労働科学の立場から、『一般に人間の作業は、その全能力が要求されるものはなく、通常は能力の五、六割のところで働いている』『各個人の労働能力の差異に応じた取扱いがなされるのであればまだしも、女性を一律に企業外へ排除する理由にはならない』と述べる。

さらに会社側が主張する『男子は一家の大黒柱、女子は夫の扶助者』という理由は、社会の実情にも世間一般の認識にも合致しない、とする。判決は日産自動車内の女性に対する賃金差別の実態にもメスを入れた上で、『労働が向上しないのに実質賃金が上昇する』というアンバランスは、会社の賃金差別に由来することを指摘する。現実には日産自動車内で女性は相当広範囲の職務を担当しており、その中には経験を生かして会社に貢献度を上げられる職種も多く存在するのである。

したがって男女差別定年制は、企業経営上の観点からの合理性を欠き、また社会的な妥当性を著しく欠くので、公序良俗に反し、無効である。

三　解説

……原告の中本ミヨは、『一歳の差別は一切の差別に通じる』というスローガンを掲げ、多くの女性たちの支援を受けながらこの裁判をたたかってきた。最高裁がまさに、定年差別に関しては『一切の差別』を許さない、という原則を確立したことに、この判決の意義がある。」

4．結婚・出産退職

また、女性の退職についても多くの問題がみられます。一つには、結婚したときに退職を迫られる場合があります。「結婚するなら仕事をやめてほしい」といわれる男性がほとんどいないことを考えると、これも性差別といえるでしょう。また、職場結婚の場合、女性が辞めるという不文律がある企業もあります。

さらに、子どもができた時点で退職を迫られることもあります。たしかに、育児と労働を両立するのは大変なことですが、女性だけに負担がかかるような労働形態にこそ問題があるのではないでしょうか。家族の協力や、保育所の設置などの行政で解決できる面も多いのです。女性にかたよりがちな職業労働と家事労働の二重の負担の問題を解決し、雇用における男女平等を実現することが、緊急の課題といえるでしょう。最近は、男性も育児休暇をとれるなど、労働と生活の考え方に柔軟性が出てきていることは歓迎されます。

日本の女性の働き方に特徴的なものとして、年齢別労働力がM字型を描くことがあり、「M字型就労」といわれます。年齢を横軸に、労働力率を縦軸にとってグラフを描くと、Mの字になるのです。これが示すのは結婚や出産・育

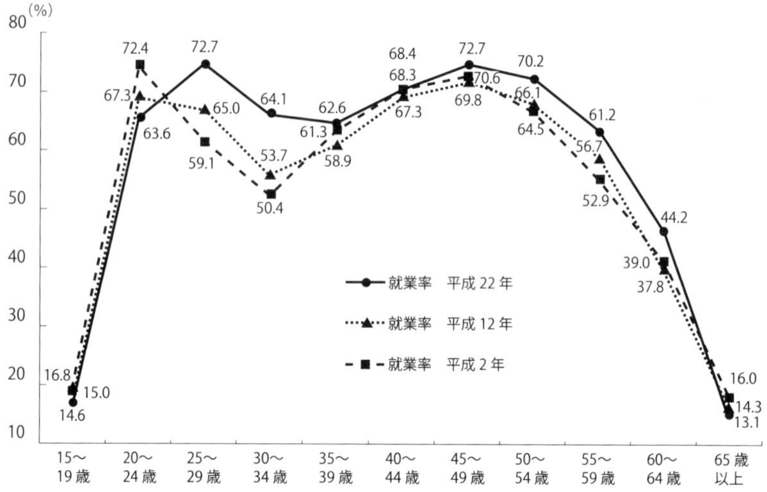

図2-1　女性の年齢階級別就業率の変化（総務省統計局「労働力調査」より作成）

児によって女性が職場から去り、育児が終わるとふたたび職場に戻ってくることを示しています。日本の企業は、結婚した女性を戦力と考えず、また法律で定められた出産・育児のための休業を取らせたがらないことが多いのです。

欧米や社会主義国では、結婚・出産にかかわらず職場にとどまることが多く、そのためM字型ではなく、台形型を示す場合が多くなっています。さらに日本の場合、育児が終わって職場に戻ろうとしても、以前の職場に復職することはむずかしく、パートタイム労働へと移る女性が多くなっています。

結婚退職制については、有名な裁判があります。「住友セメント事件」（東京地判昭和41年12月20日判決）です（前出『働く女たちの裁判　募集・採用からセクシュアル・ハラスメントまで』）。これは、働く女性をめぐる非常に画期的な裁判でした。

「一　事件のあらまし

鈴木節子は一九六〇年に、住友セメント会社に入社した。同社では、入社する女性社員から、『結婚または満三五歳に達したときは退職する』という念書をとっており、鈴木もその念書を差し入れて雇用された。

会社は鈴木が結婚したことを理由に、一九六四年三月、解雇の通知をしてきたので、鈴木は次のような主張に基づいて訴訟を起こした。

（1） 会社が行なった解雇には合理的理由がない。

（2） 会社が行なった解雇は、就業規則に列挙された解雇理由にあたらないので、違法である。

（3） 憲法は基本的人権の尊重、幸福追求の権利、健康で文化的な最低限度の生活を営む権利、性別による差別の禁止を定めている。会社が行なった解雇は、『結婚の自由』を制限し、『性別による差別』にあたるので無効である。

これに対して会社側は次のように反論した。

（A） 住友セメント社において女性はもっぱらタイプ、電話の応対など補助的業務に限って採用している。ところが同社では男女同一賃金の原則を徹底しており、そのため女性は長期に勤続すると上司の男性よりも賃金が高くなる場合がある。

（B） そのため男性社員からこの不合理を是正せよという要望が出されるに至った。この要望に応えるためには、（イ）男女同一賃金制を廃止し、女性の賃金を低く抑えるか、（ロ）賃金はそのままにして女性の勤続年数を限定するか、の二つの方法が考えられる。同社は後者を採り、女性を『比較的労働能率の高い結婚前にのみ雇用し、企業の経営の効率的な運用を図ることにした』。したがって、結婚退職制の採用には合理性がある。

（C） 結婚退職制は、『結婚まで働きたい』という女性に有利な就職のチャンスを提供しているのであり、『結婚の自由』を侵害しない。原告自身も就職面接で『結婚まで働きたい』と述べており、会社との間で結婚退職に合意していたのである。

二 判決の内容

裁判所は原告の主張を認め、次の様な判断を下した。

①憲法は国家と国民の間に適用される法律であり、直接に私企業と労働者の間には適用されない。しかし憲法第一四条（両性の平等）は、労働社会の分野における『公の秩序』を形成している。したがって、労働条件について合理的理由

なしに性差別を定める労働契約は、民法九〇条（公の秩序、善良な風俗に違反する行為は無効とする）に違反する。

②家庭は国家、社会の重要な一単位である。自分の選択した配偶者と家庭を作り、かつ労働することは人間の幸福のひとつであり、結婚の自由（配偶者選択の自由、結婚の時期に関する自由）は基本的人権として尊重される。結婚退職制は、結婚しても働きたいと願う女性社員に対し、結婚するなら退職するか、働き続けるのなら結婚しないかの二者択一を迫るものであり、女性差別であると同時に、結婚の自由を侵害する。

③結婚退職制には合理的理由がない。仮に被告が主張するように、既婚女性が上司の男性より高い賃金を払われており、これが不都合である、というのであれば、それは機械的な年功序列制を見直すことで足りるはずである。

④以上により、女性についてのみ結婚を退職事由とすることは、性別を理由とする差別であり、かつ結婚の自由を制限するものであり、違法、無効である（一審で判決確定）。」

このように、この判決は、結婚退職制が法の下の男女平等、結婚の自由を保障した憲法に反するものであることを明らかにしたのです。

出産についても問題があります。最近、社会問題として浮上しているのが、「マタハラ」（マタニティー・ハラスメント）です。マタハラとは、働く女性が妊娠・出産を理由に職場で精神的・肉体的な嫌がらせを受けたり、解雇や雇い止めで不利益を被ったりするなどの不当な扱いを受けることです。

働く女性の妊娠・出産に関しては、男女雇用機会均等法第９条で保護されており、女性労働者が婚姻、妊娠、出産した場合には退職する旨をあらかじめ定めることや、婚姻を理由に女性労働者を解雇することは禁止されています。また、妊娠中・産後１年以内の解雇は、事業主が、妊娠等が理由ではないことを証明しない限り無効とされています。それにもかかわらず、マタハラは多くの企業で横行しているのです。

マタハラは、採用時から始まります。「採用時に、妊娠しないと約束させられた」、「妊娠したら解雇するといわれた」など。また妊娠を告げたら、「職場のお荷物になるといわれた」、「出産・育児休業を拒否された」、「心無い言葉をかけられた」など。また、「わざと重労働を強いられ、無理をしたら流産した」、「望まない異動をさせられた」、「正社員から契約社員に変更させられた」。ひどい場合には、「解雇、契約打ち切り」になることもあります。まさに女性の労働権の侵害であり、法律違反なのです。

新聞記事でも、次のように論じられています。

「『妊娠を上司に告げたら、退職を勧められた』『育休を取るなら、パートになってほしいと言われた』――。全国の労働局には、こうした妊娠・出産にかかわる相談が年間4,000件超寄せられる。

妊娠・出産を理由にした解雇や減給・降格などは、男女雇用機会均等法や育児・介護休業法で禁じられている。しかし、自主退職を勧めるなどの行為は違法とは言い切れない。このため、育児休業などを取得する前に、退職に追い込まれるケースが後を絶たない。残業や休日出勤が当然の職場では働き続けられないと、泣く泣く復帰を断念するケースも目立つ。

実際、第1子の出産を機に退職する女性は6割に上り、30年前から変わっていない。育休取得率は2002年度の64%から12年度は84%まで増えたが、これは働き続けた女性のうちの取得率。出産退職の減少にはつながっていない。特に、中小企業やパートなど非正規労働者では、育休などが取りにくい傾向がある。『出産後も働き続けられるのは、一部の恵まれた人だけとの声もある』とし、その背景には、恒常的な長時間労働があると指摘している。」(『読売新聞』朝刊、2013年9月23日付)

働く女性がいる限り、出産・育児はつきものなのですから、職場でそうした時期の女性が働きやすい状況を整えるなどの工夫が要請されるでしょう。ある企業は、職務を複数の社員が担当し、さまざまな休業に対応して成功しているといいます。また、家庭では、夫婦、家族で育児について語り合い、協力していくことが解決法になるでしょう。

5．パートタイム労働

女性労働の就業形態の特徴として、パートタイム労働者が大きな割合を占めることがあげられます。パートタイム労働者とは、「一週間の所定労働時間が同一の事業所に雇用される通常の労働者の一週間の所定労働時間に比べて短い労働者」とされています。「パートタイマー」「アルバイト」「嘱託」「契約社員」「臨時社員」「準社員」など、名称はさまざまです。

育児を終わった中高年の女性が働く場合、自宅から近距離で、家事に支障のない程度の短時間労働を望むことが多いでしょう。そうした場合、勤務時間は正社員と同じで、業務内容もほとんど差がないとしても、給与や待遇の面で不利益をこうむることがあります。

企業側としては、パートタイム労働は、人件費を安くあげるためのものであり、不況などの際にはいつでも解雇できる「安全弁」と考えられます。が、こうした雇用は不安定で、労働権といった点でも問題があることが多いのです。たとえば、セクシャル・ハラスメントは労働の場で一番多く発生しますが、その場合、被害の対象となる女性が、若い正社員ではなく、雇用の不安定なパートタイム労働者に多いことが知られています。応じないと解雇すると脅かすわけです。女性が大部分を占める派遣労働者の場合にも、同様の問題があります。

働くことは人間の当然の権利ですが、こうしたことを含めて、それが侵害されやすい立場に置かれているのが、パートタイムという労働形態なのです。近年、非正規雇用が増えていて、男性のパートタイム労働者も増えていることを考えると、これは女性のみならず男性の問題でもあります。

厚生労働省は、「パートタイム労働法」を施行し、2008（平成20）年４月１日には改正法を施行し、パートタイム労働者の保護につとめています。パートタイム労働者の待遇は、一般に通常の労働者と比較して働きや貢献に見合ったものとならず低くなりがちであるという状況に対して、パートタイム労働者の就業の実態を考慮して雇用管理の改善に関する措置を講ずることにより、通常の労働者との均衡のとれた待遇を確保することを目指しているのです。

具体的には、「職務の内容」、「人材活用の仕組み・運用」、「労働契約期間が無期かどうか」といった就業の実態を表す要素の違いに応じてそれぞれ法に定める措置を講ずることにより、均衡のとれた待遇の確保を図ることとしています。非正規雇用の人は4割を超えたとの報告もありますが、こうした労働者への対応はますます重要になっているといえるでしょう。

(2) セクシュアル・ハラスメント

セクハラ（セクシュアル・ハラスメント）は、社会のさまざまな領域で見られる人権侵害ですが、なかでも深刻なのが労働の場でのセクハラです。この用語は、アメリカのフェミニズム運動のなかで1976（昭和51）年に生まれた新語で、「性的いやがらせ」、「性的脅迫」、「歓迎されない性的言動」などと定義されます。広くは、「相手を不快にさせる、相手の望まない性的言動すべて」といってよいでしょう。

セクハラは、職場の力関係や地位を利用して行われるものが多く（ハラッサーの多くは職場の上司）、権力をかさにきた人権侵害といえましょう（パワー・ハラスメント）。抵抗した場合には、賃金差別、昇進差別、不当配置転換などをこうむり、ひどいときには退職や解雇につながります。また、ノイローゼや神経症を引きおこすこともあります。こうしたセクハラは、雇用における女性差別の典型とされます。

もちろん、セクハラを受けるのは女性だけとは限りません。上司の女性が部下の男性に対してセクハラをすることもあり得るし、男性上司が男性の部下にセクハラをすることもあります。アメリカでは、被害者の1割は男性だといわれています。しかし、一般的にいって、被害者の圧倒的多数が女性であることも事実です。現代社会の職場環境、性道徳、社会通念からいって、どうしても女性が被害者になりやすい立場にあるからです。その意味で、セクハラは女性差別の問題といってよいでしょう。

キャサリン・マッキノンは、セクハラを報復型と雇用環境型に分類しています。報復型セクハラとは、性行為の代償として仕事の恩恵を与えるタイプです。

対価型セクハラともいいます。つまり、雇用・昇進・職の保持などの交換条件として、上司が部下に対して性的な要求に従うことを求めるもので、従わないと職場での不利益やいじめなどの報復をともなうものです。

他方、雇用環境型セクハラとは、職場で日常的に行われるタイプであり、じろじろ見たり、こそこそキスしたり、体にさわったり、うわさ話を流して孤立させたりするものです。その結果、女性は、不快な職場環境のもとに置かれ、精神的苦痛を感じ、働く意欲を失い、さらには退職を余儀なくされるなどの被害をこうむることになります。「職場の潤滑油」といわれてきたものの多くが、このタイプに含まれると、マッキノンは指摘しています。

セクハラは、日本でも女性が職場に「進出」して以来、行われてきたと思われます。しかし、それが犯罪であるという考え方がなかったため、女性が泣き寝入りをしたり、「一身上の都合」という理由で退職していったりしたため、表面化しなかったのでしょう。何か問題があると感じながらも明確にとらえられなかったことが、セクハラという言葉がついたことによって、くっきりと輪郭をもって立ち現れたのです。言葉はついていなくても、同じようないやな経験をもっていた女性が多くいたということです。最近行われたセクハラ電話相談に、20年前のケースを相談してきた例があったことからも、それがうかがえます。

1989（平成１）年８月に、わが国におけるセクハラ訴訟第１号といわれる訴訟が起こされて以来、この問題は急速に認知されるようになりました。男性週刊誌などでも面白おかしく取り上げられるなど、センセーショナルな登場で話題を呼んだのです。

ここで、日本のセクハラ訴訟第１号である、福岡セクシュアル・ハラスメント事件（福岡地裁平成４年４月16日判決）について紹介しましょう（前出『働く女たちの裁判　募集・採用からセクシュアル・ハラスメントまで』）。

「一　事件のあらまし

原告は三三歳の独身女性であり、大学卒業後、編集の仕事を経験した後、一九八五年に被告会社に入社した。被告会社は学生アルバイト情報誌の発行を中心とする出版社であり、編集長Aの他に二名の正社員と、約三〇名のアルバイト学生が勤務していた。原告は過去に編集の経験があったため、取材や執筆等重要な仕事を次々と任されるようになった。これに対し編集長のAは、時間にルーズで打ち合わせに遅刻することがたびたびあり、原告が取引先の苦情に対応することが何度もあった。

会社は原告の熱心な働きぶりを評価して昇給させた。それに比べ、Aは会社の役員から業績不振の責任を問われるなどしたため、Aはだんだん会社の中で疎外感を持つようになった。

このような状況の下で、Aは原告の私生活についての噂話やあからさまな中傷を会社内で言うようになった。アルバイトの学生に対しては『原告は遊んでいる』『あの人〔原告〕を働く女の手本と思っちゃいかん。彼女はボーイフレンドが沢山いる』と言い、取引先との宴会では『原告が不倫をしている』と言いふらしていた。また原告が卵巣腫瘍で入院すると『あっちの方が激しいんじゃないか』『生活態度が乱れているからあんな病気になる』と会社で話題にした。

原告はAのこのような言動に抗議し、謝罪を要求したが、Aはこれに応ぜず、二人は決定的に対立し、このため雑誌の編集作業にも支障が生じてきた。原告は会社の役員であるB専務やC社長にもこの事情を訴えたが、『我慢するように』というようなアドバイスしか得られなかった。

しかし八八年五月、C社長、B専務が話し合いのうえ、専務が原告に対し『Aと君の仲はあまりにも険悪だ。君には引いてもらう』と言い出した。原告はやむなく依願退職の手続きを取った。

しかし原告は自分の受けた仕打ちに納得がいかず、退職後に自分で労働基準監督署や民事調停の手続きを取ってみた。しかし女性の調停員から『噂の一つも立てられないよりいいではないか。こんなことで訴えるのは大げさだ』と言われてしまった。あきらめきれない思いでいたところへ、福岡に初の女性弁護士の協同事務所がオープンした、というニュースを聞き、ここの女性弁護士に励まされる形で裁判を起こすことになった（請求金額は、慰謝料三〇〇万円、弁護士費用六〇万円）。

この裁判は、編集長個人の他に会社をも被告とし、原告は次のように主張した。

（1）　Ａは長期にわたり、言葉による性的いやがらせを継続し、ついには原告を退職させてしまったのであり、このような行為はセクシャル・ハラスメントにあたる違法な行為である。したがってＡは民法七〇九条に基づく不法行為責任を負う。

（2）　被告会社は原告がＡから性的いやがらせを受けているのを知りながら、何ら適切な措置を講じなかった。被告会社はＡの行なった不法行為に対し、民法七一五条の使用者責任を負う。

これに対して被告らは次のように反論した。

（Ａ）（Ａの責任について）原告が主張するような「中傷」は、原告自身が他の者に話したり、あるいは第三者によって会社にもたらされたもので、Ａには責任がない。

（Ｂ）（会社の責任について）原告とＡの対立は本質的には私的な事項であり、会社としては当事者間での解決を待ったのであるから、法的に非難されない。

（Ｃ）　原告が主張するセクシャル・ハラスメントの概念はいまだ不明確であり、法的概念として採用することはできない。

二　判決の内容

裁判所はＡと被告会社の双方に対して不法行為責任があると認め、Ａと被告会社が原告に対し連帯して一六五万円（慰謝料一五〇万円、弁護士費用一五万円）の支払いを命じた。その理由は以下のとおりである。

（一）被告Ａの責任について

Ａは会社の内外で原告の個人的な性生活に言及し、働く女性としての原告の評価を低下させた。Ａの一連の行為は原告の『働きやすい職場環境で働く権利』を害するものであり、かつＡは自分の行為により原告がこのような不利益をこうむることを十分に予見できたはずである。したがってＡには民法七〇九条の不法行為が成立する。

（二）被告会社の責任について

①Aの行為についての使用者責任

Aの原告に対する一連の行為は、原告の上司としての立場から職務の一環としてなされたものである。したがって被告会社はAの使用者としての不法行為責任を負う。

②B専務らの行為についての使用者責任

B専務らはAと原告との間の確執の存在を知りながら、これをあくまでも個人間の問題としか捉えなかった。両者の話し合いが不調となると、女性である原告の犠牲においてこの問題を解決しようとした。被告会社は、労働者が人格的尊厳を侵されずに働けるよう職場環境を調整する義務を負っているが、B専務らはこの義務を怠っており、被告会社はこの点についても使用者責任を負う。

（三）なお、この裁判では原告の弁護団は、原告の私生活（たとえば取引先の男性との「不倫」の関係）に関する証拠を裁判手続きから排除するよう申し立てていたが、裁判所はこの申し立てを認めなかった。」

この判決は、雇用環境型のセクハラを認めた画期的なものとなり、その後の裁判にも影響を与えました。このAさんは後に実名を明かし、勝訴10年目の2001（平成13）年に、その経緯を『さらば、原告A子』（海鳥社）という書にまとめています。

日本では現在のところ、セクハラを扱う単独の法律はありませんが、1994（平成６）年の「男女雇用機会均等法」の改正により、「職場における性的な言動に起因する問題に関する雇用管理上の配慮」が規定され、企業は、職場においてセクハラが生じないよう配慮すると同時に、生じた場合は迅速・適切に対処すべき義務が定められました。

そして、事業主が雇用管理上、講ずべき措置として、９項目の指針が定められました。すなわち、

①セクハラの内容・セクハラがあってはならない等の方針を明確化し、周知・啓発すること、

②行為者については、厳正に対処する旨の方針・対処の内容を就業規則等に規定し、周知・啓発すること、
③相談窓口をあらかじめ定めること、
④窓口担当者は、内容や状況に応じ適切に対応できるようにすること。また、広く相談に対応すること、
⑤事実関係を迅速かつ正確に確認すること、
⑥事実確認ができた場合は、行為者および被害者に対する措置をそれぞれ適切に行うこと、
⑦再発防止に向けた措置を講ずること、
⑧相談者・行為者等のプライバシーを保護するために必要な措置を講じ、周知すること、
⑨相談したこと、事実関係の確認に協力したこと等を不利益取扱いを行ってはならない旨を定め、周知すること、
です。

1999（平成11）年４月の改正均等法では、男性に対するセクハラ、いわゆる「逆セクハラ」も禁止されることになりました。すなわち、男性に対するセクハラも含めた対策を講じることが義務とされ、対策が講じられず、是正指導にも応じない場合、企業名公表の対象となるとともに、紛争が生じた場合、男女とも調停など個別紛争解決援助の申し出を行うことができるようになったのです。

（3）「男女雇用機会均等法」をめぐって

日本の働く女性をめぐる状況が大きく好転する契機となったのが、「男女雇用機会均等法」（「雇用の分野における男女の均等な機会及び待遇の確保等女子労働者の福祉の増進に関する法律」。以下「均等法」と略記）です。1986（昭和61）年４月から施行されました。内容は、事業主が女子労働者の募集、採用、配置および昇進について男子と均等な取扱いをするように努めること、教育訓練、福利

厚生、定年、退職および解雇について男子と差別的取り扱いをしてはならないことを定めたものです。その後、1994（平成６）年と1999（平成11）年に改正されています。

「均等法」成立前の日本では、働く女性の権利は守られていませんでした。先にみたように、初任給・昇進・昇格・定年・退職などで大きな差別があり、セクハラも日常茶飯事でした。30歳定年制などについても、それを取り締まる法律はありませんでした。しかし、第２回世界女性会議で署名をした「女性差別撤廃条約」の批准のため、新しい法律が必要になりました。そこで制定されたのが「均等法」なのです。

2000（平成12）年12月に、NHKの番組「プロジェクトX」で、「女たちの十年戦争『男女雇用機会均等法』誕生」と題して、「均等法」成立の経緯が紹介されました。当時、労働省婦人少年局長であった赤松良子氏を中心とする、松原亘子氏、小泉万里子氏などによるプロジェクトのメンバー（女性３名、男性４名）が、成立をめざして奮闘する様子が紹介されていました。

なかでも印象的だったのは、財界や政界の有力者たちの無理解な発言です。赤松氏たちが法律制定の意義を説明して回ったとき、彼らは言ったそうです。「だいたい、女に選挙権などやるから、歯止めがなくなっていけませんなあ」、「女性を差別したから、日本の企業は成り立ってきたんですよ」などなど。

そのような逆風に加え、厳しい労働条件のなかで歯をくいしばって働いてきた、総評婦人部部長の山野和子氏たちとの意見の対立。途中で何度も挫折しかかりながらも、制定にこぎつけたのです。この法律の制定がなければ、日本の働く女性を取り巻く状況は悲惨なままであったでしょう。

ここで、法文の一部を抜粋して紹介します。

第一章　総則

（目的）

第一条　この法律は、法の下の平等を保障する日本国憲法の理念にのつとり雇用の分野における男女の均等な機会及び待遇の確保を図るとともに、女性労働者の就業に関して妊娠中及び出産後の健康の確保を図る等の措置を推進することを目的とする。

（基本的理念）

第二条　この法律においては、労働者が性別により差別されることなく、また、女性労働者にあつては母性を尊重されつつ、充実した職業生活を営むことができるようにすることをその基本的理念とする。

2　事業主並びに国及び地方公共団体は、前項に規定する基本的理念に従つて、労働者の職業生活の充実が図られるように努めなければならない。

（啓発活動）

第三条　国及び地方公共団体は、雇用の分野における男女の均等な機会及び待遇の確保等について国民の関心と理解を深めるとともに、特に、雇用の分野における男女の均等な機会及び待遇の確保を妨げている諸要因の解消を図るため、必要な啓発活動を行うものとする。

（男女雇用機会均等対策基本方針）

第四条　厚生労働大臣は、雇用の分野における男女の均等な機会及び待遇の確保等に関する施策の基本となるべき方針（以下「男女雇用機会均等対策基本方針」という。）を定めるものとする。

2　男女雇用機会均等対策基本方針に定める事項は、次のとおりとする。

一　男性労働者及び女性労働者のそれぞれの職業生活の動向に関する事項

二　雇用の分野における男女の均等な機会及び待遇の確保等について講じようとする施策の基本となるべき事項

3　男女雇用機会均等対策基本方針は、男性労働者及び女性労働者のそれぞれの労働条件、意識及び就業の実態等を考慮して定められなければならない。

4　厚生労働大臣は、男女雇用機会均等対策基本方針を定めるに当たつては、あらかじめ、労働政策審議会の意見を聴くほか、都道府県知事の意見を求めるものとする。

5　厚生労働大臣は、男女雇用機会均等対策基本方針を定めたときは、遅滞なく、その概要を公表するものとする。

6　前二項の規定は、男女雇用機会均等対策基本方針の変更について準用する。

第二章　雇用の分野における男女の均等な機会及び待遇の確保等

第一節　性別を理由とする差別の禁止等

（性別を理由とする差別の禁止）

第五条　事業主は、労働者の募集及び採用について、その性別にかかわりなく均等な機会を与えなければならない。

第六条　事業主は、次に掲げる事項について、労働者の性別を理由として、差別的取扱いをしてはならない。

一　労働者の配置（業務の配分及び権限の付与を含む。）、昇進、降格及び教育訓練

二　住宅資金の貸付けその他これに準ずる福利厚生の措置であつて厚生労働省令で定めるもの

三　労働者の職種及び雇用形態の変更

四　退職の勧奨、定年及び解雇並びに労働契約の更新

（性別以外の事由を要件とする措置）

第七条　事業主は、募集及び採用並びに前条各号に掲げる事項に関する措置であつて労働者の性別以外の事由を要件とするもののうち、措置の要件を満たす男性及び女性の比率その他の事情を勘案して実質的に性別を理由とする差別となるおそれがある措置として厚生労働省令で定めるものについては、当該措置の対象となる業務の性質に照らして当該措置の実施が当該業務の遂行上特に必要である場合、事業の運営の状況に照らして当該措置の実施が雇用管理上特に必要である場合その他の合理的な理由がある場合でなければ、これを講じてはならない。

（女性労働者に係る措置に関する特例）

第八条　前三条の規定は、事業主が、雇用の分野における男女の均等な機会及び待遇の確保の支障となつている事情を改善することを目的として女性労働者に関して行う措置を講ずることを妨げるものではない。

（婚姻、妊娠、出産等を理由とする不利益取扱いの禁止等）

第九条　事業主は、女性労働者が婚姻し、妊娠し、又は出産したことを退職理

由として予定する定めをしてはならない。

2　事業主は、女性労働者が婚姻したことを理由として、解雇してはならない。

3　事業主は、その雇用する女性労働者が妊娠したこと、出産したこと、労働基準法（昭和二十二年法律第四十九号）第六十五条第一項の規定による休業を請求し、又は同項若しくは同条第二項の規定による休業をしたことその他の妊娠又は出産に関する事由であつて厚生労働省令で定めるものを理由として、当該女性労働者に対して解雇その他不利益な取扱いをしてはならない。

4　妊娠中の女性労働者及び出産後一年を経過しない女性労働者に対してなされた解雇は、無効とする。ただし、事業主が当該解雇が前項に規定する事由を理由とする解雇でないことを証明したときは、この限りでない。

このように、雇用におけるあらゆる分野での性差別を禁止しようとする法律でしたが、事業主に対する罰則もなく、また、義務ではなく努力義務にとどまる項目がほとんどのため、その効果には限界がありました。そうしたことをかんがみ、1994（平成６）年に第１回の改正が行われたのです。

その主な内容は、①募集・採用・配置・昇進にかかる努力義務の規定を禁止規定とすること、②同法の規定に従わない企業名の公表制度の新設、③調停の一方申請を認めるなど、法の実効性を確保する措置を強化すること、④セクシュアル・ハラスメントの防止配慮義務、ポジティブ・アクションの促進、さらに労働基準法改正による女性労働者にかかる時間外・休日労働・深夜業の規制を廃止すること、母性保護の充実などです。が、ここでも罰則規定は設けられませんでした。

その後、1999（平成11）年にも改正が行われました。これは、労働基準法の一部が改正されたことにともなうもので、女性の深夜労働、時間外労働、危険有害業務を制限していた規制が廃止されました。また、妊婦に対する保護はさらに厚くなり、従来認められていた通院休暇、妊娠生涯休暇に加え、妊娠中の健康管理に関する措置も講じられるようになりました。

このように均等法は、改正を重ねながら、女性労働の実態にふさわしいものへと展開しつつあります。制定前に比べて、働く女性をとりまく環境は大きく変化してきましたが、まだまだ課題は残っているとの指摘もあります。

たとえば、一般職と総合職の区別です。女性労働者に、転勤がないかわりに出世もあまり期待できないコース（一般職）か、転勤や残業もあるけれども上級管理職に昇進する可能性があるコース（総合職）かを選択させるものです。これは、一見、女性に大きく道を開いたようですが、「均等法」施行から20年後の調査では、さまざまな理由で退職した総合職の女性も多く、問題点も指摘されています。今後、さらなる改正が要請されるでしょう。

（4） よりよい働き方をめざして

職業労働は、人間が経済的・精神的・社会的に自立するための重要な契機です。経済的に自立していない人間にとって、社会で生きていくことは困難をともないます。そうした労働の場で、性別を理由に不利な状態に置かれるとしたら、深刻な人権侵害といえるでしょう。

また、現在、働いていない女性も、状況が変わって働かざるをえない立場になることもあります。結婚していても、夫が病気になったり、リストラされて職を失ったりした場合や、ローンの返済のためなど。しかし、今の日本では、

《コラム4　アグネス論争》

1987年、タレントのアグネス・チャンがテレビ出演の際に赤ちゃんを連れていき、その後も講演などの仕事場に連れていった。それに対し、林真理子、中野翠などが、「甘えである」、「おとなの空間に子どもを連れてくるな」などと批判した。それに対し、上野千鶴子や金井淑子らが反批判を繰り広げた。

女性の職場進出が増大するなかで、大きな反響を呼び、「アグネス論争」は、1988年の流行語部門・大衆賞を受賞した。はじめはアグネス・チャンへの共感と批判をめぐる議論が多かったが、しだいに一般の男女を巻き込み、職業人の倫理や企業託児所の要請、父親の育児参加などをめぐる論争へと発展した。さまざまなメディアがこの話題を取り上げ、論争は約２年間つづいた。

この論争をめぐっては、数多くの書籍や論文が発表されたが、1988年には上野千鶴子らによって『「アグネス論争」を読む』が出版され、ベストセラーとなっている。

女性への性差別的な待遇により、おしなべて働く女性は男性の約６割の収入しか得られないとの統計もあります。夫の代わりに妻が働いた場合、収入は激減してしまうのです。

かりに妻が離婚したいと思っても、離婚後の経済的困難を考えると、踏み出せないということもあります。夫に対して自分の意見を主張したり、夫の意に反して自らの意志を貫くことはたやすことではありません。もし、夫と生き方や考え方が対立し、愛情を失っても、「誰のおかげで暮らせると思っているんだ」と言われれば、何も言い返せないでしょう。夫に経済的に依存している限り、また、離婚後の経済的困難が予想される限り、耐え忍ぶしかないということになります。

働く権利は、男性にも女性にも保障されなければなりません。働きたい女性、働かざるをえない女性が、女性であるがゆえに労働の場で差別されることがないよう、現在の女性労働のあり方を再検討していく必要があるでしょう。

ここで確認しておきたいのは、「男並みに働く」ことが、女性の働き方の目標ではないということです。そうではなくて、「人間らしい働き方」を提案し、労働に人間性を取り戻させることこそめざされるべきだと思います。

考えてみれば、男性も、「男並み」の働き方により辛い立場に置かれ、我慢を強いられているのではないでしょうか。たとえば、育児休業をとる男性は、出世コースからはずされてしまいかねません。かつて厚生省（当時）が、「育児をしない男を父とは呼ばない」とのキャンペーンを張ったことがありましたが、「僕には無理サ」という夫たちの声が聞こえてくるようです。仕事も家庭も大切にしてきちんと暮らすことができないような状況は、人間としてどこかおかしいのではないでしょうか。

近代社会は、経済・政治を優先し、利潤・能率・競争を追求してきた社会です。日本も、「富国強兵」策を掲げて以来、国家や企業の反映に役立つ人間だけを重用する傾向がありました。それ以外の女性、子どもや高齢者、病気の人、低学歴の人などはあまり大切にせず、その人たちを「社会的弱者」にしてしまったのです。

「強者」の条件にかなった人々が、生活を犠牲にし、家族を引き裂く単身赴任にも耐え、過労死するほど働いて突っ走ってきたあげく、心ならずも人間を疎外する社会を作ってしまい、リストラにおびえています。そして、生活者として「半人前」であったため、妻から「熟年離婚」を突きつけられたり、定年後を「産業廃棄物」としてさびしく過ごしたりしているのです。一生懸命働いてきた男性に罪はありませんが、今、そうした社会が行き詰っています。それへの代案を提示し、労働をめぐる価値観を変えていくことが求められているのです。

第３節　教育における女性

（1）　女性に教育はいらない？

教育の分野では、性別によるバイアスはほとんどないと思われています。成績を評価する際に男女どちらかに「下駄を履かす」ことはありませんし、授業料も男女同額です。ところが、一歩掘り下げてみると、実は男女の非対称性、アンバランスが存在していることに気づきます。

海外に目を転じると、教育の機会に男女差がある地域や、識字率に男女差がみられる地域があります。女性の教育をみとめたがらない国も存在します。パキスタンで女性の教育権を訴え、イスラーム武装勢力に襲われたマララ・ユスフザイさんの事件は、世界に衝撃を与えました。パキスタンでは、娘には就学よりも結婚を望む考え方が強く、女性の識字率は40%だといいます。

彼女は、頭部を撃たれながら、イギリスで治療をして回復し、精力的に活動を展開しています。2013（平成25）年７月に国連で演説をしましたが、「私たちのもっとも強力な武器である本とペンを持とう。一人の子どもと教師、一冊の本と一本のペンが世界を変える」との言葉は多くの人の心を揺さぶりました。また、同年10月に出版予定の自伝では、「『タリバンに撃たれた少女』ではなく、『教育のために戦った少女』と思われたい」と記しているということです。

日本では、義務教育が普及しているおかげで識字率は男女ともに高いのですが、残念ながら「女に教育はいらない」という昔ながらの考え方はまだ残っています。

かつて、通教のスクーリングに出席されていた60歳代の女性の学生さんが、しみじみ語っていらっしゃいました。「わが家は経済的には何とかなる状況だったのに、きょうだいのうち男だけが大学に行かせてもらい、私と妹はいくら頼んでも父が許してくれませんでした。でも今、大学生になれて、やっと念願がかないました」と。とても印象的でした。

人間として生きていくうえで、教育は非常に重要なものです。自己実現や社会貢献をする力をつけるために、必要不可欠なものなのです。それが、女性であるという理由で受けらることができないならば、その後の人生に大きく影響を与えかねません。一見、男女平等にみえる教育の領域でも、隠れた不平等は存在するのです。

（2） 教育現場での闘い

1．家庭科共修

日本で女子教育が本格的に開始したのは、明治時代でした。明治政府は、欧米に追い付け追い越せの「富国強兵」政策を背景に、教育に力を入れました。「一八七二（明治五）年に発布された学制により、男女とも六歳から教育を受けられるようになり、教育の内容も男女共通でした。中学校にも女子の入学が認められました。しかし、一八七九（明治一二）年の法律改正によって、中学の共学が禁止し、小学校も、教室を男女で分け、教育の内容も違うものにしてしまいました。『男は働いて家業を発展させる、女は良き妻となって家を守る。男は兵士になって国を守る。女は賢い母となって働き手や兵士を育てる』。この考え方を『良妻賢母』主義といい、明治二〇年代に急速に広まった」（加美芳子『はじめて出会う女性史』はるか書房）のです。1899（明治32）年には高等女学校令が実施され、女子教育が振興されましたが、その基本とされた理念も「良妻賢母」主義でした。

第二次大戦後に「教育基本法」が施行されると、男女共学や公立学校の共学化が進みました。また、教育内容の男女共通化も進み、家庭科も男女がともに学ぶための教科としてスタートし、男女とも必修になったのです。

しかし、経済成長期以降、性別役割分業の固定化へと逆行していき、ふたたび家庭科の男女別学、高等学校のクラス編成を男女別にするなどの動きが現れます。中等教育段階でも技術家庭科において「男子は技術、女子は家庭」という方針が明確化されたのです。すなわち、1958（昭和33）年には中学校で技術・家庭科が男女別に再編され、1973（昭和48）年には高等学校で家庭科が女子のみ必修となりました。男子はその間、体育などの授業を受けることが多かったのです。

一方、技術科も戦後はすべて男女共学となりましたが、1958（昭和33）年に技術・家庭科が男女別編成となったことにより、男子のみが履修することとなりました。これにより、女子は技術科教育を受ける機会を失ってしまったのです。このように、科目のなかでも、とくに男女の違いを反映する「技術・家庭科」の扱い方は、教育における性役割観の移り変わりが反映しているといえるでしょう。

たしかに、私が中学生であった時期に、家庭科は「技術・家庭」と称され、女子生徒が女性教師に調理や裁縫を習っている間、男子は男性教師から大工仕事などを習っていたことを思い出します。今にしてみれば、男女ともに生活のスキルを身につけておくべきで、こうした分離はおかしいとわかりますが、当時は何のうたがいももちませんでした。まさに、学校において性別役割分業がなぞられていたのです。

その後、1979（昭和54）年に、国連で「女性差別撤廃条約」が採択され、日本がそれを批准するのに際して、家庭科の女子のみ必修や男女別展開が問題とされました。そして、最終的に男女ともに家庭科と技術科を必修科目として履修させることで決着したのです。すなわち、1993（平成5）年から中学での、また翌年からは高校での家庭科の男女共修が実現したのです。その背景には、「家庭科の男女共修をすすめる会」などの地道な活動がありました。

しかし、地域によっては、反応はさまざまでした。

「埼玉県立○高校のように、教育課程表や学校案内には家庭科の男女共修が明記されているのに、『施設や家庭科の教員が足りないから』という理由で、実際は女子にだけ履修させ、男子は体育に振り替えている学校もあります。……この一件は、埼玉県議会をも巻き込んだ議論になり、男性議員からは『常識や適性からみて、一七、八歳の男が高等教育で家庭科をやるのは不自然だ』、『(男子も楽しく家庭科を勉強しているというが、それは) 調理実習だけだろう。』『必修だからやるというのなら、受験勉強でもした方がよっぽどいい』『今はコンビニエンスストアもあるし、(料理などしなくても) 買えばいい』と語」ったそうです(『朝日新聞』一九九四年七月一八日付)。」(尹龍澤「法のなかの男女平等と不平等」佐瀬一男他『女性学へのプレリュード——女性・人間・社会』北樹出版)。

ここには、根強い性別役割分業の固定観念がうかがわれます。

生活者としての能力とスキルは、男女ともに不可欠なものでしょう。高齢者の夫婦のうち、妻が亡くなると、夫が急に弱ってしまい、一年以内に死亡する人が多いといいます。これは、一人になった孤独感もさることながら、生活者としての能力のなさにうちひしがれてしまうことが追い打ちをかけるといいます。空腹をおぼえても、買い物や料理に慣れていず、満足に食べることができない。また、洗濯、掃除もままならず、生きていく自信を失ってしまう。夫を先に亡くした妻が、寂しさはあるものの、「とりあえずおいしいものを食べよう」と立ち上がり、若干の解放感を感じながら、今までできなかったことに挑戦する場合が多いのとは大きな違いです。

一人になっても生きていける生活者としての能力を身に着けておくことは、男女かかわりなく、生き延びるために必要なのです。女性も、大工仕事などができるようにしておくことも必要でしょう。

2. 男女別名簿から混合名簿へ

教育現場で、「混合名簿」への動きが始まったのは、2000年頃のことでした。1999（平成11）年には「男女共同参画基本法」が制定され、2000（平成12）年には東京都で、「東京都男女共同平等参画基本条例」が制定されました。これを受けて、2001（平成13）年に、「東京都男女共同平等参画基本審議会答申」として、男女混合名簿が提案されたのです。この動きは、やがて全国各地へと広がりました。

私は、高校を除く各学校で男女共学を経験しましたが、そのときに用いられていた名簿は男女別名簿でした。ある時は五十音順で、ある時は誕生日順でしたが、いずれも男子生徒が最初にきて、最後の男子のあとに女子の一番がきていました。私は当時、何の疑問も感じませんでしたが、あとになってみれば、男子が先、女子が後という考えを知らず知らずのうちに内面化していった契機だったともいえます。

推進する人たちの意見では、男女別名簿は必ず男性が先にきており、男性優先の考え方がもとになっているとし、小学生のうちからそうした考え方を植えつけることになると指摘します。男女混合名簿ならその心配はないとし、推進しています。

一方、男女混合名簿に反対する人もいます。その論拠は、伝統的な方法を変える必要はないとか、教育現場で不便であるとかの点です。男女別に行う健康診断や、体育などで不便だというのです。ただ、私が小中学校の教員をしている人たちに聞いたところでは、それほど不便は感じていないとの意見が多かったように思えます。最近、大学生に聞くと、地域によって差はありますが、男女混合名簿を経験た人が増えているように思います。今まで気づかなかった点にチャレンジした例の一つといえるでしょう。

3．隠れたカリキュラム

男女平等の思想が貫かれているはずの教育現場にも、立ち入って考えてみると、いくつか男女のアンバランスがみられます。いわゆる「隠れたカリキュラム」です。そのいくつかをあげてみましょう。

⑴　**正は男子、副は女子**　かつて、小中学校で生徒会役員や学級委員を選ぶとき、正役職が男子、副役職が女子と、枠組みが決まっていることが多くみられました。当然のごとく、生徒会長は男子であり、部活の部長などもほとんど男子でした。これも、一般社会での男女の役割を反映するものでしょう。教育現場では、長い間、こうしたことが行われてきていて、生徒も教師もそれを当たり前のこととして疑問をもたなかったのです。気づかなかったこと自体に、問題があったともいえましょう。

《コラム５　「ジェンダー川柳かるた」》

家庭や職場、地域におけるジェンダーをめぐる諸問題を、川柳という形でかるたにしたものがある。「女性参画研究会・さが」が作成したものである。絵札にはわかりやすく楽しいイラストが描かれている。

いくつか紹介してみよう。

㋑　家建てた　二人名義に　してほしい

㋔　「おーい」と呼ぶ　声に答えぬ　妻となる

㋖　企業戦士　わが子に顔を　忘れられ

㋗　苦労せず　子育て介護は　二人して

㋚　参観日　次はパパを　リクエスト

㋝　それ取って　あんたの方が　近いでしょ

㋟　楽しそう　厨房にたつ　パパの顔

㋪　ひたすらに　耐える時代は　もう終り

㋮　まだまだよ　男女の賃金　格差あり

㋷　リーダーの　妻に従う　ボランティア

クスっと笑いながら、ジェンダー視点を身に着けることができるすぐれた手法である。こうした試みが各地でなされているが、これはジェンダー意識の高まりを反映したものであろう。

最近は、フェミニズムの影響もあってか、状況はかなり変化し、女性のリーダーも多く登場しています。こうした役職は、性別にかかわらず適任の人が選ばれるのが当然ですが、やっとそれが実現しつつあるということでしょう。

⑵　**教科書をめぐって**　　次に、教科書にもジェンダー・バイアスがみられます。小中学校の教科書を「男女」の観点から調査した人の報告によりますと、そこにもジェンダー・バイアスがみられるということです。一つには、社会や国語の教科書に登場する人物の性別が、大きく男性に偏っているということです。もう一つは、伝統的な性別役割分業を固定化、強化するような表現が多いということです。

たとえば、社会科や技術家庭科の教科書に、次のようなイラストが掲載されていることがあります。朝の出勤風景では、どの家でもスーツを着て出勤するのは男性で、女性は「行ってらっしゃい」と手を振っている。夕方の家族の様子として、居間で父親が新聞を読み、台所では母親が料理をしている。

これらはごく日常的な光景であり、一般的な性別役割分業がそのままイラストとなっているものです。これが悪いというのではなく、これは現実的な描写です。もちろん、教科書は一般社会のあり方を反映するべきで、あまりそれと異なる表現（たとえば、出勤するのがすべて女性であるというように）をすると、学ぶ側、とくに低学年の生徒は混乱してしまうこともあります。

しかし、現状追認だけでは不十分で、社会の半歩先くらいの表現も要請されるでしょう。たとえば、出勤する人が男女入り混じっているという具合に。性別役割分業を自明のものとして子どもたちに伝えるのではなく、未来を見越した多様性を示すことも要請されるといえます。

もう一つ、象徴的な例をあげてみましょう。これは、生徒の作文を教科書に掲載する際に、勝手に書き換えられたという事例です（行動する会記録集編集委員会編『行動する女たちが拓いた道――メキシコからニューヨークへ』未来社)。

> 「『生徒の作文が国語の教科書に採用されたが、見本を見ると内容が無断で変更されており、納得いかない』という指導教師の話を、会員の樋口恵子さんが直接ご本人から聞いてきた。『担任の女の先生の指導で、クラス全員がマラソンを始めた。走った距離を累計して東海道走破というアイデアで、女子も男子もよくがんばり、自己の記録を伸ばした』という趣旨の文が、『男子の提案でマラソンが始まり、男の先生の指導でみんな走り続けた。男子はAくんががんばり、女子でもBさんが……』と書き換えられている」という。
>
> それに対し、樋口さんたちが出版社へ抗議と訂正の申し入れを行ったところ、「最初は『マラソンは力を振り絞る男のスポーツだから、男子生徒に提案をさせた。男の先生の指導の方がふさわしい……』『教科書だから多少直すのは当たり前』と編集部長の居直った答えだった」が、報道陣の同席や強硬姿勢に、やっと検討を約束し、後に全面的に復元し、訂正したといいます。

このようなことが普通に行われていた時代状況を感じさせますが、これも一つひとつのチャレンジによって、修正されてきたのです。

⑶ **進路指導**　進路指導においても、教師個人の考え方を反映してか、本

人の希望にかかわりなく、男子には理系、女子には文系を勧める場合が多くなっています。また、女子の場合、４年生大学ではなく短大を勧める場合も多いのです。

私の友人にも、理系の大学に進みたかったのに、担任教員（男性）に反対され、一度は文系に進学した人がいました。進学したものの、やはり満足できず、翌年、理系を再受験して合格し、卒業後も希望通りの理系の進路に進みました。「一年間、無駄にしてしまって、残念だった」と言っていました。

また、留学についても、男子には大いに勧めるのに対し、女子には「危険だから」ととどめようとする傾向がみられます。たしかに海外での留学生活は危険がつきものですが、事件や事故に巻き込まれるのは、どちらかというと男子の方が多いようです。細心の注意を払いつつ、大いに海外雄飛をする道は、男女ともに開かれているべきでしょう。

⑷　**ランドセルの色**　かつて、小学校の生徒が使うランドセルの色は、女子は赤、男子は黒が主流でした。色で男女の違いを示す場合、女は赤、男は黒が相場でしたが、それがランドセルの色にも反映していたのです。

しかし昨今、従来の固定観念を排するように、入学前の季節になると、デパートの学用品売り場に色とりどりのランドセルが並びます。黒と赤以外に、ピンク、緑、青、茶色などや、ツートーンカラーのものも並べられているのです。以前も作られていたようですが、売れ始めたのは2000年代に入ってからだといいます。

この背景には、性別よりも個性を重視したいという思いがあるでしょう。実際に購入する場合には、相変わらず赤と黒が多いということですが、それ以外の選択肢があることが重要でしょう。自分の好みの色のランドセルを背負った学校生活には、楽しさが増すことでしょう。

第４節　高齢社会における女性

（1）　もう一度女に生まれたい

統計数理研究所「日本の国民性の調査」によると「もう一度生まれ変われるとしたら男に生まれてきたい」という調査で男性は、1958年には90％でしたが2008年では若干下がり87％でほとんど変わっていません。

また、女に生まれたいという男性が1958年には５％でしたが2008年には６％と１％上昇しています。これから見ると男性は、自分が男であることに対して高い割合で満足しているのがわかります。

これに対してもう一度生まれ変われるなら女に生まれたいという女性は、55

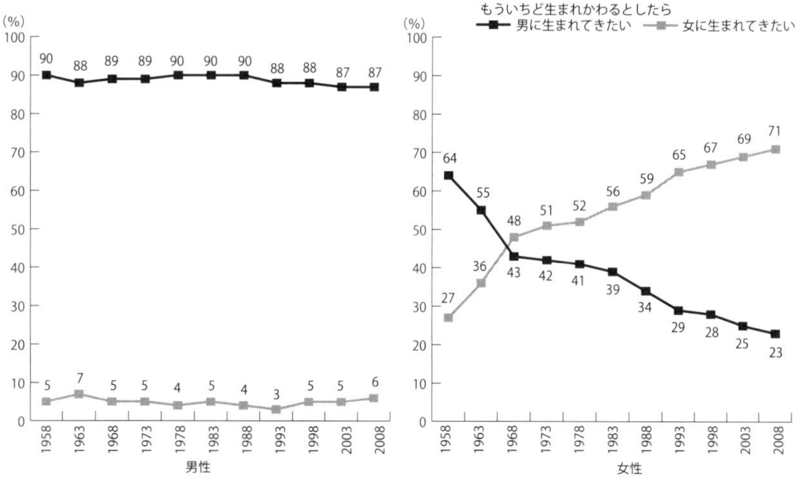

（注）回答には表記の他「その他」「分からない」があるので足して100にならない。

図4-1　もういちど生まれかわるとしたら（統計数理研究所「日本人の国民性調査」より作成）

年前の1958年は、27％でしたが、2008年には71％に上り、４人に３人近くにもなってきています。55年前には、男に生まれたいという女性が64％もいたことを考えると、最近の女性の地位は、大きく向上してきたといえます。

昭和20年代から30年代は、まだまだ女性は男性の下にいて自立が阻害されていたという思いがあるのだと思います。

これは、女性の社会や家庭における生活環境が大きく変わって来たことを浮き彫りにしています。

女性が一生を通じて生む子どもの数は、「合計特殊出生率」といいます。1947（昭和22）年には一人の女性が子どもを産む数は、4.54人もいましたが、2011（平成23）年には1.41人にまで下がっています。夫婦２人で１人しか子供をもちません。原因は、いろいろあると思います。経済的な負担、妻の出産や育児にかけるエネルギーの負担等々。

女性の初婚年齢も毎年遅くなり、現在平均初婚年齢は、29.0歳（男性30.07歳）、さらに結婚をしたくない女性もどんどん増えてきています。また最近は、共稼ぎの主婦が専業主婦を数の上で追い越してしまいました。これは、女性が男性に従属することなく家庭から解放され、一人で生きていくという、自立の姿勢がはっきり表に現れてきたのかもしれません。

離婚は、2002（平成14）年には、29万件ありました。しかし、徐々に減ってきて、2010（平成22）年には、25万1378件になっています。しかし、次の年の2011（平成23）年には、大きく減って23万5000件になりました。これは、東日本大震災の影響から家族を守るという心の表れともいえるかもしれません（厚生労働省「人口動態2012年推計」）。

現在日本の離婚率（ここでの離婚率は、その年結婚した夫婦を離婚した夫婦の数で割った割合）は、36％にもなっており、３組に１組の夫婦が離婚するといわれています。アメリカでは、２組に１組の夫婦が離婚するといわれておりますから、日本もアメリカに近くなってきたのかもしれません。

どのように女性の地位が上がり、男女の差別が無くなったとしても、女性の男性と違った特質といえば、それは子どもを産むことができるということだと思います。しかし、今までの女性と違って「望まない子どもを産まない自由」と「望む子どもを産む自由」さらに、「結婚しない自由」を最近の女性は、主張してきていると思います。

こうして、女性の出産や育児に費やすエネルギーが極端に少なくなり、それに伴い、戦後、男女平等の大原則の下、教育の機会も均等に与えられ、女性の大学進学率も驚異的に伸びていきました。女性の大学進学率は、1955（昭和30）年には僅か2.4％しかなかったのに対し、2009（平成21）年には、13倍の44.3％にも達しました。これは、短大まで含めると男性の大学進学率を追い越しているのです（文部科学省「学校基本調査」）。

筆者も女子短大や大学で、女子大生に毎日講義をとおして数多く接しています。一昔前は、「女性は中学までは男性より成績がいいが、高校、大学になると、男性が女性を抜いて逆転する。思考方法が男性は女性とは違う」とまことしやかに語られました。しかし、今は、違います。試験をやってもレポートを出させても、女性の方が成績も良く字もうまいのです。またレポートの内容もよくなっています。

そして、彼女らは、子どものころから大変大切にされ、中学・高校でもまったく差別のない生活を送ってきました。それどころか大学では、男子学生に大事にされ過ぎるきらいさえあります。大学卒業までの22年余、彼女たちはまったく差別を感じていません。

多くの女子学生は、女性であることを喜びとしています。

また、面白い調査で「今の日本で苦労が多いのは男か女か」というものです。男性は、男のほうが苦労が多い41％、女のほうが苦労が多い30％と答えたのに対して、女性のほうは、男のほうが苦労が多いと42％が答え、女のほうが苦労が多いとしたものが37％と若干男のほうに軍配をあげています。

また、「今の日本で楽しみが多いのは、男か女か」というものでは、男性は、男のほうが楽しみが多いというのが50％にもなっており、女のほうが多いというのが22％になっています。しかし、女性に対する同調査では、1963年では女性のほうが楽しみが多いと答えたものが13％であったにもかかわらず、2008年

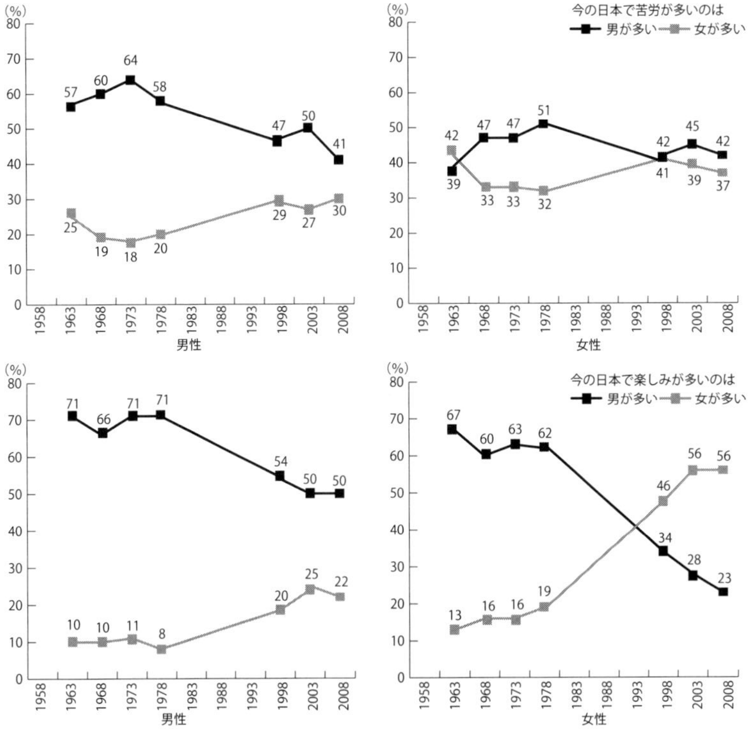

（注）回答には表記の他「その他」「分からない」があるので足して100にならない。

図4-2　苦労・楽しみが多いのは（同前）

には56％にも急上昇しています。３人に２人近くが女性のほうが楽しみが多いとしているのです。

これに反して「男のほうが楽しみが多い」と思っている女性は、1963年には、67％もいたのに2008年には、23％に減少しています。男女の主観的な価値観の相違が明確に表れています。

住友生命保険のアンケート調査によると「男性の笑顔の平均時間は、１日当たり１時間16分であったのに対して女性は、２時間41分」あったといいます。男女の世代別でいうと、20代以下の女性が最も長く、最も短かったのは、40代と50代以上の男性でした。男性は、20代以下をピークに年齢を経るほどに笑顔が減る傾向にあるそうです。

一方女性は、30代40代で若干減るものの常に男性の２倍で、50代以上は、３倍以上に格差が広がったということです（東京新聞2010年８月13日）。女性が人生を楽しんでいる証拠ではないかと思います。

かつて三従の教え（親に従い、夫に従い、子どもに従う）は、すでに今はまったく影すらなく、男性のもとで自立を阻害されていた女性が学校、社会、家庭で自分の生きがいをもって生活できるようになってきたことが、調査結果に表れているのだと思います。

（2） わが国の女性の就業率　女性労働者の活用

「現在、最も活かしきれていない人材とは何か。それは、『女性』です。女性の活躍は、しばしば、社会政策の文脈で語られがちです。しかし、私は、違います。『成長戦略』の中核をなすものであると考えています」。

これは、平成25年４月19日の日本記者クラブでの安倍首相の発言です。首相

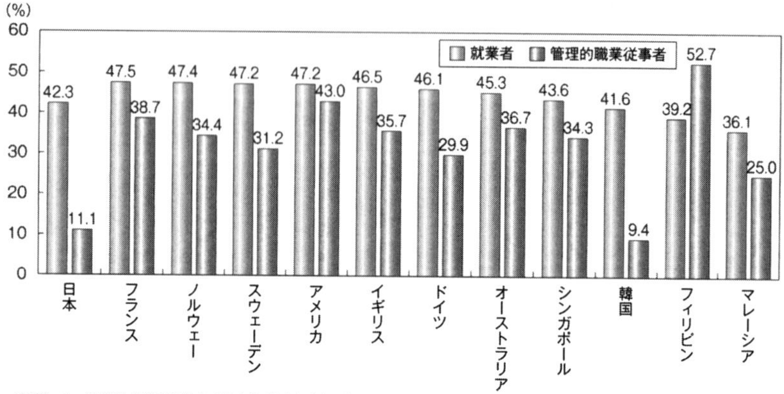

（備考）１．総務省「労働力調査（基本集計）」（平成24年），独立行政法人労働政策研究・研修機構「データブック国際労働比較2012」より作成。
２．日本は平成24年，オーストラリアは2008（平成20）年，その他の国は2010（平成22）年のデータ。
３．総務省「労働力調査」では，「管理的職業従事者」とは，就業者のうち，会社役員，企業の課長相当職以上，管理的公務員等をいう。「管理的職業従事者」の定義は国によって異なる。
４．総務省「労働力調査」では，平成24年１月結果から，算出の基礎となる人口が24年国勢調査の確定人口に基づく推計人口（新基準）に切り替えられている。

図4-3　就業者及び管理的職業従事者における女性割合

（内閣府『男女共同参画白書』（平成25年版）p.7）

表4-1　課長以上への昇進を望まない理由（%）

	常用労働者300人以上の企業				常用労働者100～299人の企業			
	女　性		男　性		女　性		男　性	
	一般従業員	係長・主任	一般従業員	係長・主任	一般従業員	係長・主任	一般従業員	係長・主任
メリットがないまたは低い	22.9	27.8	41.2	50.3	24.3	32.2	45.9	49.3
責任が重くなる	30.4	35.2	30.2	38.8	24.8	36.7	26.3	37.0
自分には能力がない	26.0	33.9	27.6	29.1	22.7	24.0	23.3	28.5
やるべき仕事が増える	14.5	18.6	24.6	27.8	11.5	17.8	21.6	25.8
仕事と家庭の両立が困難になる	40.0	42.5	17.4	19.7	32.8	35.5	10.4	18.4
周りに同性の管理職がいない	24.0	17.1	0.3	—	28.3	19.8	2.2	1.1

（備考）1. 独立行政法人労働政策研究・研修機構「男女正社員のキャリアと両立支援に関する調査」（平成25年）を基に作成。
2. 他の選択肢は割愛した。

（前掲『男女共同参画白書』p.31より作成）

は、女性を「社会政策の文脈」のなかではなく現実の「成長戦略の中核」として位置づけられました。

現在、わが国の女性の就業率はかなり上昇しており、海外の主要国と比べても見劣りしない水準を維持しております。そして、もっとも重要な管理職における女性の割合も、少しずつ増えてきています。しかし、女性管理職は、海外の主要国に比べればまだまだ少ないというのが実情です。全就業者に占める女性の管理職の割合は、11.1%で、欧米諸国はもとより、シンガポールやフィリピンというアジア諸国に比べても低い水準になっています（平成25年版『男女共同参画白書』「女性の就業の現状」）。しかし、調査によると、管理職になりたくないという女性も多くいるのも事実です。現在、少子・高齢化が叫ばれて久しいわが国で、女性の活躍を経済の再生・活性化に関連させて、女性の潜在能力を引き出そうとする議論や取り組みが活発に展開されています。

福岡県では、高齢者の活用に向けて現実的な取り組みを開始しています。それは、「65歳からは高齢者」という意識を改め、年齢にかかわりなく、それぞれの意思と能力に応じてさまざまな形で活躍し続けることができる体制を作ろうという画期的な取り組みです。すなわち、「70歳現役社会」の実現に向けて、ということで、2012（平成24）年４月に総合的な支援拠点として「70歳現役応援センター」を開設しました。「70歳現役応援センター」は、再就職だけではなく、NPOやボランティア活動など広範な選択肢を提供している点が特徴になっています。具体的には現在、1459人がセンターに登録をしており、316人が就職、13人が社会参加の場を得ることができるという大きな成果を上げています（平成25年版『高齢社会白書』p.66のコラム４）。これは、自治体と高齢者個人との協調による社会参加になります。

１．女性の就業

2012（平成24）年度の全就業者に占める女性の割合は、42.3％であり、海外の主要国と比べて大きな差はありません。2002年から2012年（平成14年から24年）の間の就業者数の増減をみると女性は、57万人増加しています。2013（平成25）年３月に行われた総務省の「労働力調査」によると、女性の正規雇用が1016万人に対して非正規雇用は、1277万人と雇用形態で非正規雇用が女性の半数以上を占めていることがわかります（平成25年版『男女共同参画白書』）。このように働く女性が多いにもかかわらずパートタイムやアルバイト、派遣社員、契約社員、嘱託等の期間を定めた短期雇用が女性には 多いのです。

なぜこのような現象が起きてしまうのでしょう。パートタイムで働く女性の約２割が、これ以上働くと収入が103万円を超え「扶養家族から外されてしまう」ということで、夫の被扶養者としての優遇措置を受けるために年収や労働時間を「調整している」と回答しています。子ども手当等の影響で０歳～15歳までの扶養控除がなくなった今、38万円の扶養控除がいかに大きいかがわかります。さらに130万円を超えると第３号被保険者として免除されていた国民年金や健康保険も本人が加入しなければならなくなります。

これらは、まさに社会制度が女性の労働力を奪うことにより女性自身が経済的に自立をするための障害になっている側面があります。その結果、被扶養者としての女性は、夫の所帯の中である程度経済的に安定して守られていますが、いざ離婚等で所帯から離れると再就職等も困難になって経済的に厳しい状況になりやすくなっています。

さらに問題は、結婚と育児です。女性は、子供を産むことができるということで本質的に男女平等にはなりえません。これに対しても育児休暇や柔軟な勤務体制、短時間勤務等女性が仕事を続けられる環境づくりに留意する必要があります。そうすることにより、正規雇用を望む女性が多くなると思います。大事なことは、今後の方向性として、これらの制度を見直し、女性の経済的自立を阻害しない制度にしていくことが求められます。

2．高齢者の就労の促進

現在、高齢者の就業のため大切なことは、高齢者の活力を十分に活用できる社会、年齢に関係なく働ける社会を目指すことが必要になります。高齢者の就労を可能とするためには労使双方の意識変革を促進していくことが必要になってきます。 高齢者の職域の拡大や、作業環境の改善を行い高齢者が働きやすくなる環境づくりが重要になります。

企業側は、すべての高齢者は一律に仕事に必要な能力や体力を持たないという先入観を変えていく必要があります。高齢者は多様性を持つ者が多いので、一律にとらえるのではなく、その本人の体力や意欲、本人の希望など多様化する要望にあわせ一人ひとりの就業形態、就業日数・時間などについて柔軟な働き方のメニューを検討し、用意していく必要があります。高齢者の就労の可能性を広げる短時間正社員、在宅就労、テレワークのような働き方や有償ボランティア等の経済的な側面だけではなく、自立を目指して生きがいを重視した働き方を希望する高齢者も多いことなどに着目して、多様な就労形態を普及させていくことが求められています。企業の活力の維持のためにも高齢者から若い世代への円滑な技能承継、技能伝承を実現することが必要となります。

労働省も2004（平成16）年６月の高年齢者雇用安定法改正により、段階的な65歳までの雇用確保措置の導入が義務づけられたところですが、さらに、今後は70歳まで働ける企業を増やし、将来的には年齢に関わりなく意欲や能力のある高齢者が働けるような制度的な枠組みの構築が期待されています。それには、若い時期から高齢期になっても働くことが持続できるような自己啓発や能力の開発を常にしていくことが大事になります。

３．国の政策・方針決定過程への女性の参加

最後に女性の社会参加についての国や府省の取り組みを紹介します。

平成25年版『男女共同参画白書』（政策・方針決定過程への女性の参画の拡大）によると、国や各府省は各分野における女性の参加を次のように目標を立てて推進しています。その内容を紹介します。

⑴　**政治的分野への参加**（筆者の主観的な文章にかなり変えています）　その目標によると、民主主義の社会においては、男女が平等に政治的な意思決定過程に積極的に参加し、共に責任を担うことが大切になります。社会のことをよく熟知した高齢女性が積極的に政治に参加することにより、政治や社会の政策や方針の決定に平等に反映させることができると思います。そのために特に政治分野での女性の積極的な参加の拡大が期待されています。「社会のあらゆる分野において、2020年までに指導的地位に占める女性の割合が、少なくとも30％程度になるよう期待する」という目標を立てています。その上で政府として、衆議院議員及び参議院議員の各選挙における候補者に占める女性の割合を、平成32年までに30％を目指すこととしています。また、内閣府は、国や地方の政治において、女性の参加の拡大が進むよう、引き続き調査、啓発活動を行うとしています。

これにより、多くの高齢女性の政治的活動への参加が期待されます。

⑵　**司法分野への女性の参加**　司法分野においても「2020年30％」の目標に向けて、検察官、裁判官、弁護士等の法曹三者についても女性の参加の拡大に取り組むこととしています。検察官については、検事に占める女性の割合につ

いて2015（平成27）年度末までに23％にするという目標を掲げています。さらにさまざまな働き方やキャリア形成に応じたロールモデルの発掘、メンター制度の導入や、仕事と生活の調和推進等の取組みを積極的に行い、女性がこれらの司法分野に積極的に参加できるようにしていきたいと思います。

裁判官に占める女性の割合については、女性の新任判事補採用者数の増加に伴って着実に増加しています。2012（平成24）年では、女性裁判官の割合は、17.7％となってかなり多くなっています。なお、2013年３月１日現在、女性３人が最高裁判所の裁判官に、１人が高等裁判所長官に任命されているのもその現れです。

検察官、弁護士についても、2012年の女性の割合がそれぞれ14.4％、17.5％となっており、着実に増加しています。

司法試験合格者に占める女性の割合は、年によって増減があり。2012（平成24）年度の司法試験については25.9％でした。筆者の大学でも、22名の合格者のうち、６名が女性でした。また、法曹養成に特化した教育を行う専門職大学院である法科大学院において、女子学生の割合は27.6％（2012年５月１日現在）と約３割を占めています。これらのことから今後の司法分野での女性の拡大が期待されています。また、弁護士においては、定年もないため、高齢女性の進出には適した職業になっています。

⑶　行政分野への女性の進出　　2015（平成27）年度末までに国家公務員採用試験からの採用者に占める女性の割合について30％程度、国の地方機関の課長や本省課長補佐相当職以上に占める女性の割合について10％程度、国の本省課室長相当職以上に占める女性の割合について５％程度、国の指定職相当に占める女性の割合について３％程度の達成に向けて、女性の採用・登用を積極的に進めていくということです。行政分野においては、定年制があるため、高齢者の参加する余地はありませんが、一応女性参加に対する国の目標を説明しました。

⑷　雇用分野への女性の参加　　各種の雇用分野における女性の参加の拡大については、第３次基本計画において、政府として、民間企業の課長相当職以上

に占める女性の割合を2015（平成27）年までに10％程度にすることを目指すということです。「2020年30％」の政府目標の達成に向けて2013年４月に内閣総理大臣から経済界に対して、全上場企業における、積極的な役員・管理職への女性の登用等の要請を行っております。さらに企業の取組みを後押しするため、女性の活躍促進に取組み、企業へのインセンティブの付与、企業における女性の登用状況の開示促進等を推進しているということです。

⑸　その他の分野　内閣府では、各種機関・団体・組織に対して、これからの女性参加に対する「2020年30％」の目標の達成に向けて、目標を設定して取組みを進めるよう働きかけています。

このように国や府省は、各分野における「2020年30％」の女性参加に向けて積極的な取組みを開始しています。これが高齢女性の雇用につながることを期待したいと思います。

⑹　これからの女性の活躍に向けて　現在、国や社会が男女共同参画社会という理想を実現するためにさまざまな取組みを行っているにもかかわらず、さらに女性高齢者の働く意欲にもかかわらず各種の統計データを見ると、わが国の経済分野において、女性はいまだ十分にその能力を発揮できていないのが実情です。

スイスにある「世界経済フォーラム」の調査「世界男女格差報告」によると調査対象136カ国中、政治・経済活動の分野で男女平等かどうかという順位でわが国は、105位という大変不名誉な位置にいることがわかりました（2013年11月15日「朝日新聞」）。

女性がさまざまな経済分野において十分にその力を発揮することこそが、男女平等という公平な理念にもとづいた社会的な要請であることはいうまでもありません。しかし、他方で、近年、経済成長に対する女性への期待が「眠れる資源」とか、「潜在力」とか「含み資産」といった、いわば表に出てこない影の存在というような意味合いで語られるようにもなっています。

しかし、女性こそ、現在の日本における人口減少と少子高齢化という状況下での、国や、地域社会、企業、世帯等あらゆるレベルを活性化するためのもっ

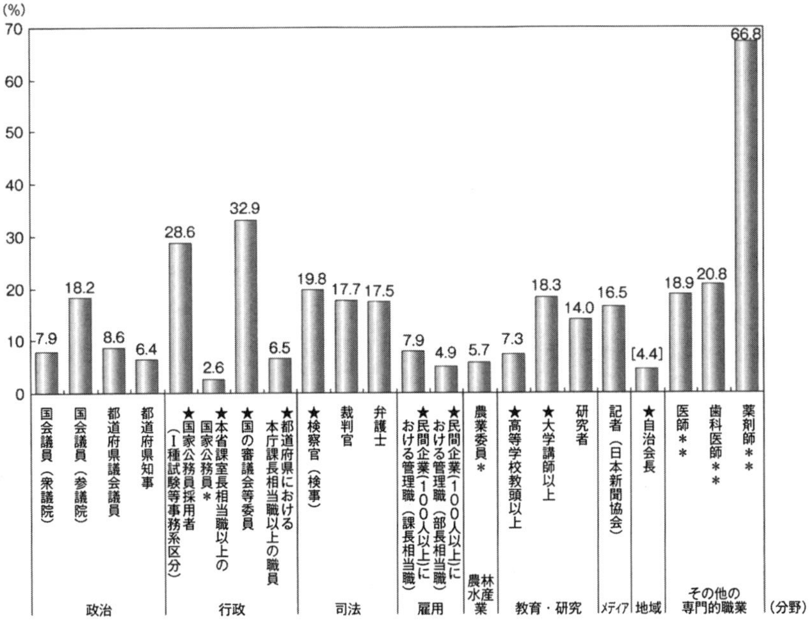

（備考）1．「女性の政策・方針決定参画状況調べ」（平成24年12月）より一部情報を更新。原則として平成24年のデータ。
ただし，＊は23年のデータ，＊＊は22年のデータ。
なお，★印は，第３次男女共同参画基本計画において当該項目又はまとめた項目が成果目標として掲げられているもの。
2．「自治会長」については，東日本大震災の影響により，福島県川内村，葛尾村，飯館村は，平成24年度調査を行わなかったため，集計から除外している。

図4-4　各分野における「指導的地位」に女性が占める割合（前掲『男女共同参画白書』p.67）

とも大事な原動力であり、安倍首相のいう「成長戦略の中核」となるものだと思います。

（3）　女性の老後を豊かにするために

1．豊かさとは何か

豊かということは、経済的に豊かであればよいのか、という問題があります。金銭的にまったく生活の心配がないということは、大変に大事なことです。お金があればすべてが解決できる、「健康も名誉も地位もお金で買える」という人もいます。たしかに生活するためには、経済的な裏付けが必要です。しかし、お金だけでなく「精神的なもの」すなわち、心が満たされていなくてはいけないと思います。筆者が思うには、「今、生きているのが嬉しい、充実している」という状況が豊かな生活になると思います。家族のなかにいても、常に犠牲になり、つらい思いをしていたり、夫の遺産や年金でまったく生活に心配がなくても、いつも一人で寂しい思いをしていたり、病院のベッドで動けない状態では、豊かな老後とはいえないと思います。

人間として生まれ、やがて老いて、病を得て死んでいきます。これは免れることのできない人間の定まった一生です。これをどれだけ豊かなものにするか。これが大事になります。

2．高齢化

2012（平成24）年10月1日現在のわが国の総人口は、1億2751万5000人でした。総人口に占める65歳以上の割合はなんと24.1％に達し、男性では5人に1人以上（21.2％）が、女性では4人に1人以上（26.9％）が65歳以上となっています。また、総人口に占める75歳以上では、男性で10人に1人（9.4％）、女性で7人に1人（14.3％）となっており、この75歳以上の人口の6割以上を占め

表4-2　高齢化の現状

単位：万人（人口）、％（構成比）

		平成24年10月1日			平成23年10月1日		
		総数	男	女	総数	男	女
人口（万人）	総人口	12,752	6,203 （性比）94.7	6,549	12,780	6,218 （性比）94.8	6,562
	高齢者人口（65歳以上）	3,079	1,318 （性比）74.8	1,762	2,975	1,268 （性比）74.3	1,707
	65～74歳人口（前期高齢者）	1,560	738 （性比）89.7	823	1,504	709 （性比）89.2	795
	75歳以上人口（後期高齢者）	1,519	580 （性比）61.8	939	1,471	559 （性比）61.3	912
	生産年齢人口（15～64歳）	8,018	4,038 （性比）101.5	3,980	8,134	4,095 （性比）101.4	4,039
	年少人口（0～14歳）	1,655	847 （性比）105.0	807	1,671	855 （性比）104.9	815
構成比	総人口	100.0	100.0	100.0	100.0	100.0	100.0
	高齢者人口（高齢化率）	24.1	21.2	26.9	23.3	20.4	26.0
	65～74歳人口	12.2	11.9	12.6	11.8	11.4	12.1
	75歳以上人口	11.9	9.4	14.3	11.5	9.0	13.9
	生産年齢人口	62.9	65.1	60.8	63.6	65.9	61.6
	年少人口	13.0	13.7	12.3	13.1	13.8	12.4

資料：総務省「人口推計」(各年10月1日現在)
(注)「性比」は、女性人口100人に対する男性人口

（内閣府『高齢社会白書』（平成25年版）p.2）

ているのが女性であるという実情があります。

日本の高齢化は、将来的にはこのままでいくと、さらに進んで高齢化率は、2035（平成47）年には、３人に１人となり、2060（平成72）年には、56.1％になり、人口の半数以上になるということです。さらにわが国の女性の約２人に１人（43.5％）は、65歳以上になるということです。（国立社会保障・人口問題研究所「日本の将来人口推計」、平成25年版『高齢社会白書』「高齢化の状況」）。

⑴　**平均寿命**　さらに驚くことに日本人の平均寿命は今後さらに伸びていき、2030（平成42）年には、男性は、81.95歳、女性は、88.68歳になり、2060（平成72）年には、男性が84.19歳女性は、90.93歳となると推定されているのです（平成25年版『高齢社会白書』「高齢化の状況」）。

これは、戦後、食生活が改善されることにより成長期における栄養状態がよくなったことや、さらには生活環境が改善され社会生活が支障なく送れるようになったことが一つの要因になっています。さらにもっとも大きな要因は、医療技術の進歩等により、平均寿命を低く押さえていた乳幼児の死亡率が激減したことによります。さらにこれと同時に65歳以上の高齢者の死亡率も戦後大きく減少しているのが原因と思われます。

⑵　**一人暮らしの女性高齢者が増加**　平均寿命が延び高齢化が進むと必然的に一人暮らしの高齢者が増加していきます。

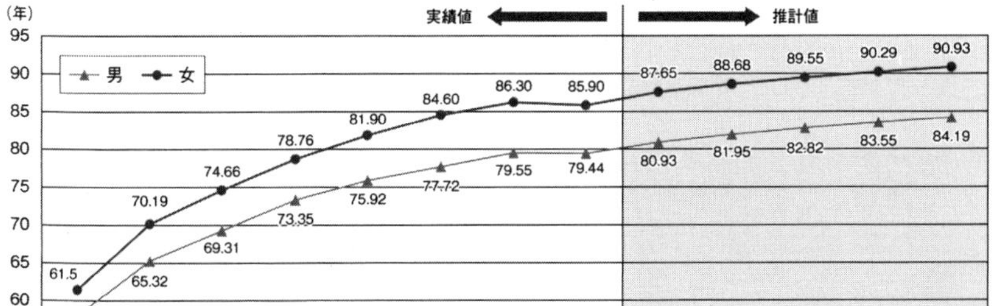

資料：1950年及び2011年は厚生労働省「簡易生命表」、1960年から2010年までは厚生労働省「完全生命表」、2020年以降は、国立社会保障・人口問題研究所「日本の将来推計人口（平成24年1月推計）」の出生中位・死亡中位仮定による推計結果
（注）1970年以前は沖縄県を除く値である。0歳の平均余命が「平均寿命」である。

図4-5　平均寿命の推移と将来推計（前掲『高齢社会白書』p.7）

65歳以上の高齢者の配偶関係についてみると、2010（平成22）年における有配偶率は、男性が80.6％に対して、女性は48.4％になっています。女性の高齢者の約２人に１人が配偶者がおりません。そしてその割合は現在徐々に上昇傾向にあります。また、未婚率は男性で3.6％、女性で3.9％、離別率は男性3.6％、女性4.6％となっており、両者ともに徐々に増えてきているのです。

このような夫との離婚、死別そして、未婚等のさまざまな理由により65歳以上の一人暮らしの高齢者は女性でとくに顕著に多くなっております。1980（昭和55）年には男性約19万人、女性は約69万人で、高齢者人口に占める割合は男性が4.3％、女性11.2％でしたが、2010（平成22）年には、男性が約139万人、女性は約341万人と、高齢者人口に占める一人暮らしの割合は、男性が11.1％、女性は20.3％にもなっています（平成25年版『高齢社会白書』「高齢化の状況」）。

このように女性が高齢になって一人暮らしをする割合が男性を大きく凌駕することになりました。

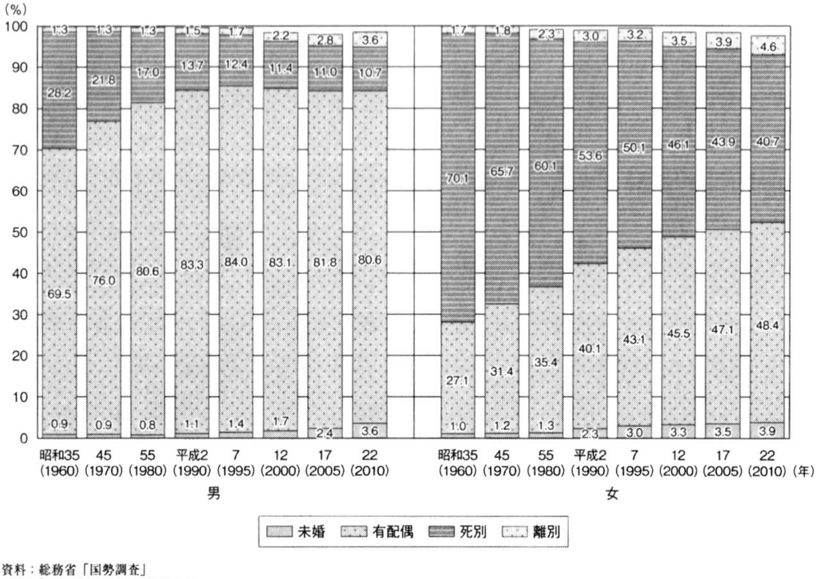

資料：総務省「国勢調査」
（注）「配偶関係不詳」は省略した。

図4-6　高齢者の配偶関係別の割合（前掲『高齢社会白書』p.16）

3．女性の老後を豊かにするために

これらの一人暮らしの女性が老後を豊かに生きるために大事なものは、やはり第一に経済的な裏付けになります。「お金だけがすべてではない」と否定しても、高齢女性が豊かに暮らせるためには、どうしてもお金が必要になります。ですから将来のことを考え、若い元気なうちから老後のために少しずつ貯金をすることが大事になります。定年後、平均寿命まで生き抜くには、これだけのお金がなくてはいけない。いろいろなところで試算が行われています。これを見るとかなり莫大な金額になっています。やはり、お金はないよりあった方がよいのです。

夫の定年により、夫に依存していた家庭の経済は破綻し、夫の年金と合わせての生活になります。やがて夫が死亡し、夫の遺族年金か自分の年金だけが唯一の収入になります。定年までに蓄えたある程度の貯蓄はあるにしても、生活は難しくなってきます。現在、わが国の65歳以上の高齢者の主な収入源をみると、「年金」が最も多くなっています（53.4%）。日常生活をする上において必要な生活費の大部分は公的年金によって補われています。次いでパートタイム等で働いた「給与」が31.6%、「事業や不動産の収入」が10.2%になっています。さらに所帯年収についてみると、年収が240万から300万の層が最も多く、17.3%、次いで300万から360万が14.0%、360万から480万が18.8%、それに対して、120万未満の低所得層の者が8.3%にもなっています。働いているとはいえ高齢者の収入がいかに少ないかは、これらの統計でも理解できます。

しかし、暮らし向きに心配ない高齢者は約7割いるという統計もあります。この統計は、60歳以上の高齢者の暮らし向きについて調査しております。その結果生活に対して『心配ない』（「まったく心配ない」と「それほど心配ない」）と感じている人の割合が全体で71.0%もいるというのです。さらに、年齢階級別にみると、「80歳以上」はこの三者で８割にもなる高い割合となっているのが驚きです（平成25年版『高齢社会白書』）。

しかし、筆者の周囲にも独身の女性高齢者は数名おりますが、それらの高齢者の７割が生活に困っていないとはとても思えません。にわかには、信じられ

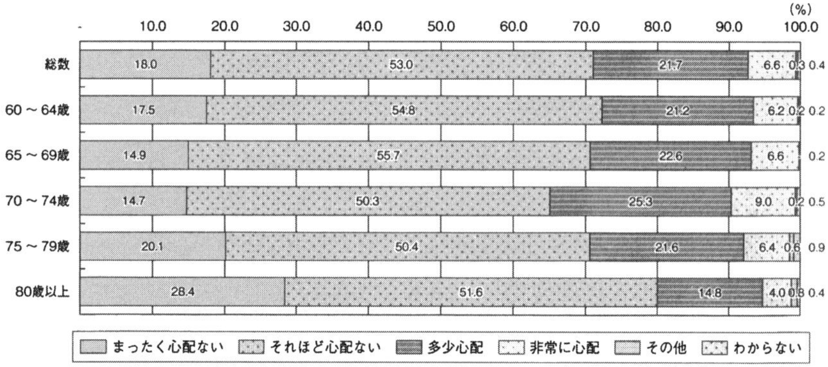

資料：内閣府「高齢者の経済生活に関する意識調査」(平成23年)
(注) 対象は60歳以上の男女

図4-7 高齢者の暮らし向き（前掲『高齢社会白書』p.16）

ない数になっています。

そこでこれらの高齢者は、少ない収入のなかで、さまざまな努力をしております。日常生活のなかで浪費を控えたり、友人との長電話や買い物の方法、家事のやり方など、さらには常備薬の管理等に至るまで十分な注意を払います。このようにして、家庭の経済状態を安定させることが大事になります。そして経済的に豊かな生活を目指します。

次いで老後大切なことは、趣味を見つけることです。いわゆる生きがいというものです。特に女性は、配偶者がなくなった後、一人になり隣近所との付き合いも途絶えていきます。若いうちなら何度でもやり直しもできますが、年を取ってくるとそうもいきません。筆者の友人の70代の女性は、週２回水泳教室に通っています。収入は年金だけで決して裕福ではありませんが、とても余裕のある生活をしてるように見えます。生き生きしているのです。

⑴ **高齢者のグループ活動**　老後を豊かにするために、この女性のように一人で趣味を見つけてやることも大事ですが、同じ趣味を持つ者同士の集まりであるグループ活動に参加することも大切です。

高齢者のグループ活動への参加状況についてみると、60歳以上の高齢者のうち59.2％（2008（平成20）年）が何らかのグループ活動に参加しております。これは、10年前（1998（平成10）年）と比べると15.5ポイント増加しています。

具体的な活動についてみると、「健康・スポーツ」が（30.5％）、「地域行事」が（24.4％）、「趣味」（20.2％）、「生活環境改善」（10.6％）の順となっており、いずれの活動も10年前と比べて増加しています。同じ志を持つ同志の連帯が心の豊かさを増しています。

今後のグループ活動に参加するかどうかという参加意向についての質問には、「参加したい」が54.1％もおります。また、「参加したいが、事情があって参加できない」が16.2％となっており、参加したいと考える人の割合は、７割を超

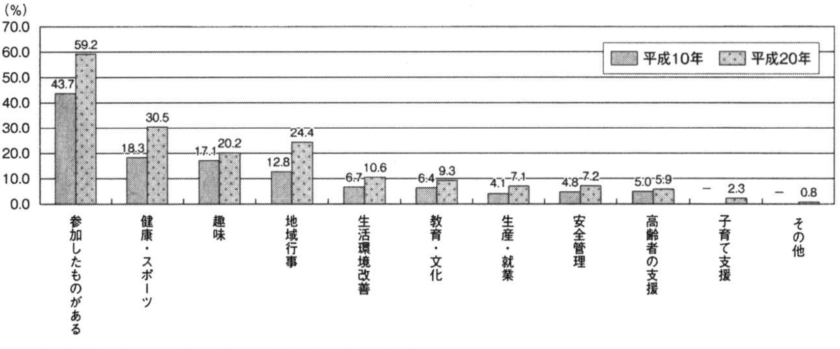

資料：内閣府「高齢者の地域社会への参加に関する意識調査」（平成20年）
（注１）全国60歳以上の男女を対象とした調査結果
（注２）「高齢者の支援」は、平成10年は「福祉・保健」とされている。

図4-8　高齢者のグループ活動への参加状況（複数回答）

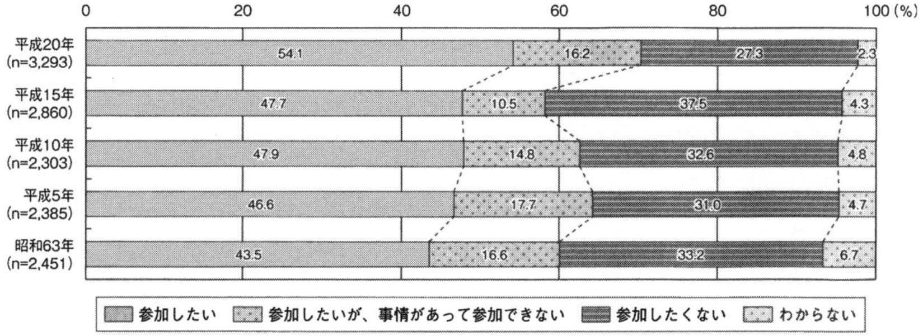

資料：内閣府「高齢者の地域社会への参加に関する意識調査」（平成20年）

図4-9　高齢者のグループ活動への参加意向（図4-8、9ともに前掲『高齢社会白書』p.32）

えています。何らかの形で参加して生きがいを見出したいと思っている高齢者が多いことがわかります。

⑵ 高齢者の学習活動　高齢者の学習活動への参加状況についてみると、60歳以上で何らかの学習活動に参加している人の割合は17.4%おります。活動内容をみると、「カルチャーセンターなどの民間団体が行う学習活動」が7.6%、「公共機関や大学などが開催する公開講座など」が4.8%などとなっています。

筆者の大学の通信教育部も「生涯学習」を目指して毎年女性の高齢者が多く入学してきます。皆さん熱心に講義を聞き、試験を受けレポートを書いて卒業していきます。今年度も80歳以上の女性の方が卒業しております。授業でもキャンパスの中でも生き生きと活動しています。

また、参加状況に対するアンケートによると、これからやってみたい生涯学習の内容は、「健康・スポーツ」（健康法、医学、栄養、ジョギング、水泳など）がもっとも多く、60〜69歳では47.5%、70歳以上では31.8%ともなっており、元気でこれからも生活したいという健康を志向する高齢者の気持ちが現れています。

⑶ 若い世代と高齢者との交流の機会への参加　さらに高齢者は若い世代との交流が大切になります。60歳以上で何らかの交流の機会がある人の割合（「よくある」、「たまにある」と回答した人の合計）は2008（平成20）年で54.9%もおりました。

また、若い世代との交流の機会への参加意向についてみると、参加したいと考える人の割合（「積極的に参加したい」、「できるかぎり参加したい」と回答した人の合計）は2008（平成20）年で62.4%になっています（平成25年版『高齢社会白書』「高齢者の社会参加活動」）。

高齢者は、何らかのグループ活動や、学習活動、さらには、若者との交流を積極的に考えそれを推進しているのがよくわかります。

高齢女性は、一人で生活する年月がかなり長くなります。あらゆる機会を通して積極的に外に出て心から楽しめる状態を自分で作っていくところに老後の豊かさは生まれると思います。

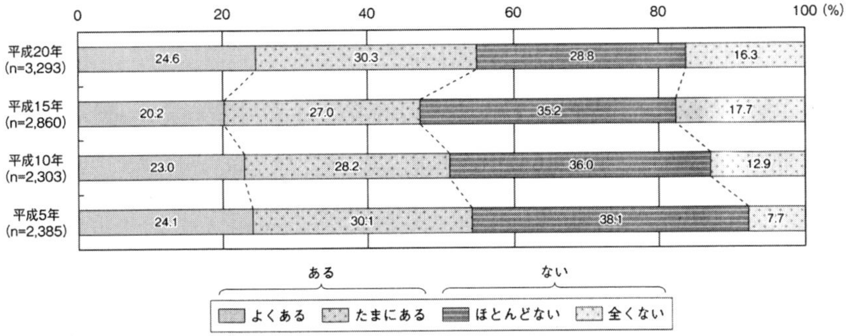

資料：内閣府「高齢者の地域社会への参加に関する意識調査」(平成20年)
（注）調査対象は、全国60歳以上の男女

図4-10　世代間交流の機会の有無（前掲『高齢社会白書』p.34）

これら以外にもボランティアに参加するのもいいでしょう。英会話を勉強して海外旅行をすることも楽しいです。まだ見ぬ場所への挑戦です。このように「生きているのが嬉しい」と実感できることをやることです。

これが老後を豊かにしてくれる大事なことになります。

（4）　高齢女性の自立

最近とくに結婚しない女性が増えてきました。その上離婚をする夫婦の数がうなぎ上りに多くなり、平成24年度の離婚数は29万組にも上り、史上最高になっています。さらに女性の平均寿命が延びて男性より平均で７歳程度長生きになっています。あらゆる面から一人暮らしの女性が増えてきています。

年月が経つにつれ、これらの女性が徐々に高齢化していきます。平成22年には、65歳以上の女性の高齢者は、341万人にもなっています。夫の扶養家族として、専業主婦で家事だけをやっていたり、あるいは、扶養を考慮して収入を押さえてきた女性は、夫の死によって少ない遺族年金となり、たちまち経済的に破たんしてしまいます。夫と離別後、年金をもらっても３号被保険者として年金は年に60万にも満たない人が多いのです。これでは、まったく生活ができません。

そこでこれらの女性が自立するためには、いったいどうしたらよいのでしょうか。

自立というのは、自分が働いて誰の世話にもならないで経済的に自立するという場合と、病気やけが等で寝たきりになり、介護が必要な状態で生活するのではなく、健康で自立した生活を送るという両面から考えられると思います。

1．経済的な自立

やはり、高齢女性が自立するためには、ある程度経済的な裏付けが必要になります。

女性高齢者の仕事に関してのアンケートによると、定年後も仕事を継続したいとする女性や、出産・育児のため、一旦は仕事をやめ、現在まで来たが、実は、働きたいと考えている女性の高齢者がたくさんおります。総務省「就業構造基本調査」(2007（平成19）年）によれば、65〜69歳の女性の３割強が就業意欲をもっているということです。仕事をもたない女性の中でも今後「収入を得る必要」があるという理由をあげる女性の割合は男性よりも高くなっております。しかし、女性は男性に比べて、出産・育児等で一旦就業が中断され、これからの就業に対する経験不足や、生活の多忙さからの自己啓発等の不足、それにともなう能力開発の不十分さが原因して、就業希望が実現されにくい現状があります。高齢者の就業を促進するためには、このような高齢女性がもつ特有の状況を踏まえた取組みが必要とされています。このように就業における男女の均等な機会と公平な待遇の確保に積極的に取り組んでいくところに女性の自立は、成り立っていくと思います。

2．家庭・地域における支え合いの下での自立

前にも述べたように高齢女性は、寿命が長いために一人暮らしになりやすくなります。女性の高齢単身世帯が主流になる社会においては、特に地域の支え合いが大事になります。孤立を防ぎ、病気・災害時に地域の民生委員等が高齢女性のために避難のお手伝いをしたり常備薬をもって行ってあげたり等の支援

はもちろんのこと、日常生活における手助けがすぐに得られるような地域社会づくりが重要だと思います。そのため、単身高齢者の自宅生活をサポートする生活支援体制を整備して安心して生活ができるような取組みが必要になります。

他方、もっとも大きな問題として住宅問題があります。単身高齢世帯は約4割が借家住まいをしております。住宅費の負担がとくに低所得層で重くなっているのが現状です。有料老人ホームは、かなり費用がかかり、入居するのが困難になっています。今後は、高齢者が一人で暮らしても安心して生活できる住まいが必要とされることが予想されるため年収200万以下という、低所得者向けの住宅や生活をしていく上でのさまざまな支援や介護を受けられる制度が必要になります。

3．高齢者の介護からの自立

次に大事なことは、高齢者の介護の問題です。

現在、介護を必要とする高齢者は、女性が男性の約2.6倍となっております。女性は今後もますます寿命が延び、一人暮らしになる可能性が高くなるため、高齢女性の介護は今後重要な課題になってきます（内閣府男女共同参画局）。高齢者が寝たきりになるもっとも大きな原因は、脳血管疾患です。これは女性で約20％あります。次いで認知症が17.5％、心疾患15.3％さらに関節疾患が14.1％と続きます。次に多いのは、家庭での転倒です。安村誠司氏の「高齢者の転倒・骨折の頻度」によると在宅高齢者の転倒の頻度は、10～20％になっており、年齢とともに急増しているということです。家庭内の事故発生場所は居室45.0%、階段18.7％、台所・食堂17.0％になっています。軽い骨折と思ったものが床に就いて寝たきりになり起きられなくなってしまうというパターンが多くなっています。各種の病気はもとより、転倒には十分注意する必要があります（平成25年版『高齢社会白書』「高齢者の家庭内事故」）。

今後さらに重要なことは、高齢者が自立するための支援として、医療やリハビリなどの介護関連機器等が開発される必要があります。

「福祉用具の研究開発及び普及の促進に関する法律」（平成５年法律第38号）

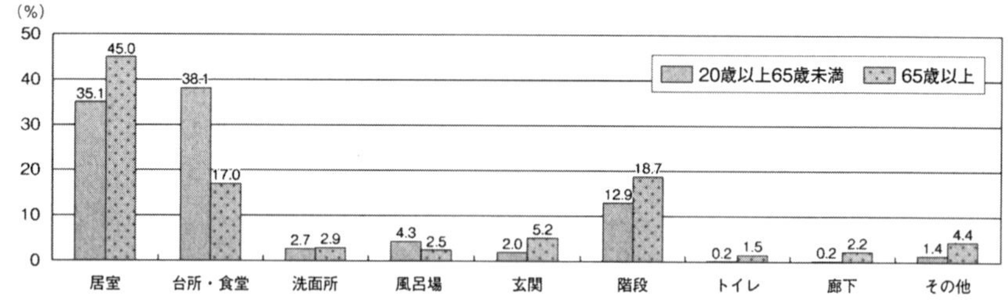

資料：国民生活センター「医療機関ネットワーク事業からみた家庭内事故－高齢者編－」(平成25年3月公表)
（注1）平成22（2010）年12月～平成24（2012）年12月末までの伝送分。
（注2）事故発生場所詳細（屋内）については、不明・無回答を除く。

図4-11　事故発生場所詳細（屋内）（前掲『高齢社会白書』p.37）

にもとづいて高齢者等の自立や社会参加をさらに進めて行い、介護者が生活するうえで負担となる動きを軽減させるために、高齢者本人の特性を踏まえたうえで福祉用具や医療機器等の開発を行っていく研究がなされることが必要です。これにより、高齢者が他人の助けを受けずに自由に行動ができるようになります。

また、高齢者の生活支援や社会参加の拡大などに寄与するために、日常生活において必要となる簡単な動作や方向、感情などを強く念じた際に生じる脳からの信号を利用して、移動支援機器やコミュニケーション支援機器などに伝え、その助けが得られるような技術の研究開発を引き続き推進していくことが必要です。これは、画期的な研究で、もしこれができると、介護の必要な高齢者の要介護度は、著しく減少し自立が一歩促進されていくと思います。さらに介護ロボットの実用化などの高齢者介護のための研究が進められていくことが期待されます（平成25年版『高齢社会白書』「高齢者の自立・支援等のために」）。

このように高齢者が自らの努力と周囲の支えにより、自立して生活のできるように種々の配慮をしていく必要があります。

第５節　メディアにおける女性

現代社会において、マス・メディアが果たす役割には大きなものがあります。現代人は、朝起きてから夜寝るまで、メディアからの情報にたえずさらされているといっても過言ではないでしょう。新聞・雑誌などの活字メディア、ラジオ・テレビなどの電波メディア、さらにはインターネットを通じてあふれ出す情報は、私たちに知識を与え、擬似体験を提供し、ものの考え方に影響を与えます。マス・メディアのおかげで、現代人は豊かな生活を送ることができているともいえます。

こうしたマス・メディアをめぐる状況は、女性の視点から見ると、どのような様相を呈してくるでしょうか。「女らしさ・男らしさ」とか「女のくせに・男のくせに」という社会通念を強化、固定化するにあたって、マス・メディアが大きな機能を果たすことがあります。逆に、そうした通念にとらわれない新たな女性像・男性像を表現するものもあります。

（1）　男性中心の送り手

一般に、マス・メディアで働く人は男性が多いということが指摘されています。情報の送り手が、一方の性にかたよっているため、内容にも意図的にではなくてもかたよりが出ているのも事実です。いきおい、報道やエンターテイメントの内容も、男性の視点からのステレオタイプな表現のものが多くなっています。

1995（平成７）年に開催された第４回世界女性会議で採択された『北京行動綱領』においても、12の主要課題の一つとして「メディアと女性」があげられています。そこでは、「あらゆる通信システム、特にメディアにおける女性の固定観念化及び女性のアクセス及び参加の不平等」が指摘され、行動方策としては、「メディア及び新たな通信技術における、またそれらを通じた表現及び意思決定への女性の参加とアクセスを高めること、メディアにおけるバランスがとれ、固定観念にとらわれない女性の描写を促進すること」などが示されています。

そして、具体的な活動としては、政府やNGOなどに女性のメディア参画のための教育・訓練や、メディアのジェンダー分析の専門家養成、メディアの女性の描き方をステレオタイプにしないためのガイドラインの作成などが奨励されています。

現代の日本では、女性がメディアにアクセスできることは多く、送り手にも女性が増えています。しかし、課題も多いので、マス・メディアに現れる女性像について、いくつかの領域について考えてみましょう。

（2） マス・メディアに現れる女性像

1. 報　道

「国際女性年」の1975（昭和50）年、「国際婦人年をきっかけとして行動を起こす女たちの会」が、NHKへの質問状を提出しました。これは、日本を代表するメディアであるNHKにおけるジェンダー・バイアスについて、変更を求めるものでした。詳細が報告されていますので、紹介したいと思います（前掲書『行動する女たちが拓いた道――メキシコからニューヨークへ』）。

「行動開始――マスコミの中でも大きな影響力をもっているNHKへ要望

一九七五年九月二三日、市川房枝たち十二名が、二七項目からなる『要望書及び質問状』をたずさえて、NHK小野会長を訪れた。

ニュース担当は男性ばかりだが、男女のアナウンサーが担当して欲しい。ニュースで男女ペアで出て来る場合も常に男性が主で女性は天気予報等を伝えるアシスタントである、対等の役割にして欲しい。カメラマンに多くの女性を採用して欲しい。男女の伝統的な役割を変える必要性を認識させる番組の企画を。ドラマの女性像は家庭的で従順なイメージが強すぎるのでもっと積極的な姿勢の女性や、家庭や職場で悩んでいる姿を描いて欲しい。また男性も職場で働いている姿だけでなく、家庭と職場を両立させるために努力している様子を積極的に取り入れて。ドラマ等で使われる言葉の中で女性差別をあらわすものは使用しないで欲しい。『女（男）らしい、女（男）だから、女（男）のくせに』、成人女子に対して『女の子』というのはやめて。次のような言葉はできるだけ、言いかえて欲しい。

主人→夫、つれあい、配偶者
ご主人様→ご夫君、おつれあい様
嫁に行く、嫁をもらう→結婚する
籍を入れる→婚姻届けを出す
父兄（園児、学童、生徒の）→父母、保護者

市民大学講座等で婦人問題を取り上げて。婦人問題担当グループを作って報道の仕方や、職員教育を。歌謡番組でも女性を男性の従属物にする歌は採用しないで。番組審議会の中の構成はどうなっているか、半数は女性を。外国の男女平等の実情を積極的に紹介して。採用、昇進、管理職への登用等に男女差はあるのか、あるならばその理由を。プロデューサー、ディレクター、アナウンサー等の男女比および今後の女性増員計画。NHK女子職員はその力が十分発揮できるような状態に置かれているか。女なるが故に退職を迫る動きはないのか等々」

と。

それに対し、10月15日にNHKから回答がきたといいます。

「言葉の上では、アナウンサーについても女性に門戸を閉ざしてはいない、司会の役割りについても男女の区別ではなく、適正、能力、演出上のバランスで主たる司会者を決めている、とか『ニュースセンター９時』の性格から考えても、磯村記者をしのぐ女性キャスターがいれば願ってもないことですが、現在は残念ながら、ご趣旨にそえません、というように一見差別とは無縁だという言葉を述べているが、その実あきらかに性差別が一体何であるかがわかっていない言葉や数字があらわれている」

といいます。

そして、この会は、この回答を「ゼロ回答」と評価し、第二次要望書を作成、発送しましたが、期限までに回答はなかったといいます。第一次で十分に回答したからという理由からでした。

この行動は、一応ここで終わりますが、論議を巻き起こしたという点で意義があったと思われます。女性たちによるメディアの監視は続き、成果をあげています。NHKも、これを契機にジェンダー問題に敏感になったと思われます。近年は状況はかなり変わり、ある時期、朝７時、昼12時、午後７時、夜11時の定時のニュースのキャスターが女性アナウンサーだけで占められたこともありました。NHKのコメントとしては、「適任のアナウンサーを選んだら、たまたま全員、女性だった」とのことでした。

２．ドラマ

テレビドラマにみられる女性像も変化しつつあります。かつて、ドラマでは男性が仕事、女性が家事という設定が多かったのです。家族ドラマでは「肝っ玉かあさん」が活躍し、働く女性が描かれることは多くありませんでした。また、刑事ドラマといえば、刑事も犯人も男性ばかり。タバコの煙をくゆらしながら作戦会議を行い、女性はそこでお茶をいれる場面がよくみられました。昔のテレビドラマを再放送しているのを見ると、そのような女性像には違和感を覚えます。

過去のドラマに違和感を覚えるほど、最近のドラマではバリバリ仕事をする女性の姿が目につきます。いわゆる２時間ドラマでは、さまざまな職業につく女性が生き生きと活躍。刑事や弁護士、医師や検死官や検察官、万引きジーメンなど。女性だけの弁護士グループ、女性がボスの刑事集団など。このような女性像は、視聴者に影響を与えることでしょう。テレビで活躍する種々の女性たちは、子どもの将来像のモデルとなることがあるのです。

かつて、ノルウェーのブルントラント首相（当時）が、海外でこうスピーチをして万雷の拍手を受けたことがあったといいます。「ノルウェーでは、男の子が父親に聞くんです。パパ、男でも首相になれるの？って」。この問いは示唆的です。ノルウェーの子どもたちは、首相は女性と思い込んでいるということでしょう。未来の自分を考えるとき、周囲の人々やテレビでみる人々の姿がモデルになることは多いのです。ドラマでさまざまな職種で生き生きと活躍している女性たちをみれば、将来の職業選択の範囲も広がることでしょう。

3．Ｃ Ｍ

CMの影響はさらに大きいものがあります。40年近く前のことになりますが、「私作る人、僕食べる人」という食品会社のコマーシャルを、ある女性グループが旧来の役割固定観念にもとづくものだと批判し、会社に中止を申し入れて話題を呼んだことがあります。メディアと女性の問題を考えるとき、必ず引用される事例です。これについても詳細が報告されているので、紹介したいと思います（前掲書『行動する女たちが拓いた道――メキシコからニューヨークへ』）。

「一九七五年九月三〇日、会のメンバー七名が東京日本橋のハウス食品工業（現ハウス食品）を訪れた。その年の八月末からテレビで流れている同社の『ハウスシャンメン醤油あじ』のCM『私作る人、僕食べる人』は男女の役割分業を固定化するものなので中止してほしいという要請行動であった。

『貴社のテレビコマーシャルに対する異議申し立て』

私たちは男女共に働く権利があり、男女共に家庭責任があるという考え方をしております。これは男女平等という考え方にもとづくばかりでなく、人間がより幅広く豊かに生きるためにも必要なことと考えております。

そのために日本社会に伝統的にある男は仕事、女は家事・育児という役割分業を改める必要を痛感しております。そしてこうした役割分担を変えるべく、さまざまな行動を起こしております。メキシコで採択された国際婦人年世界行動計画でも政府は率先して男女の平等や固定的な従来の役割分担をかえるようあらゆる場に働きかけることを義務づけられています。

しかるに貴社のCM“女性が「私作る人」男性が「僕食べる人」”という内容は従来の男女の役割をますます強固にする働きをします。食事つくりはいつも女性の仕事という印象を与えます。私たちはこうしたコマーシャルが多くの意識を作ることをとても否定できません。事実、貴社のコマーシャルはさまざまな問題を投げかけています。私たちは、すみやかにこうした従来の男女の役割を固定化するようなCMが変えられることを強く要望します」

と。

それに対し、女性を含む一般の人々の反応は、「そんなことにイチイチめくじらを立てなくても」というのが代表的なものでした。その反応の一部が紹介されています。

――週刊誌などでは、「ヒステリック」で「本質から外れている」行動として批判するものもありました。ある週刊誌は、「正義の味方ぶっているのが嫌いよ」「現場のことがわかっていないのですよ」「目に余る売名行為」とした。別の週刊誌では、料理家の女性が、「差別、女性蔑視といっている人たちは、みなさんおひとりものの方なんじゃないですか。家庭とはいったいどういうものかを実際に経験なさっていない方じゃあないでしょうか。男には男の役割があり、女には女の役割がある。そうやって、人間同士、この世の中がうまく作動していくんではないでしょうか」とコメントをしている――。

これは実は、性別役割を無意識で受け入れてしまう社会一般の意識のあり方こそが問われたできごとだったのです。その後、この申し入れに対しハウス食品工業は「新商品に切り替えるから」を主な理由として「作る人、食べる人」のCMを10月末で中止すると回答してきたということです。

それを受けて、ある週刊誌は、「ついに“怒るヒトたち”の勝利に終わった」とし、「日ごろ“作るヒト”も“食べるヒト”も無関心でいた男女差別の問題に、これほどまでに注目させたのだから、たとえ中止になったとしても、このCMに名誉ある話題提供賞をおくるべきではないだろうか」などと報道したといいます。

最近は、企業も気をつかうようになってきたようで、従来の性別役割分業にこだわらないCMが多くみられます。たとえば、男性が家事を行うものがあります。最初は「手伝い」としての家事ですが、今は主体的に取り組む男性が表現されています。

エプロンをかけて、料理を作って妻や家族と一緒に食べる夫とか（なぜかカレーを作る男性が多い）、食器を洗う夫とか。かつては、台所をウロウロするのはゴキブリだけだと、「ゴキブリ亭主」と揶揄《やゆ》されていましたが、今はその雰囲気はなく、さわやかに台所に立つ男性が描かれています。

洗濯洗剤のCMでも、画期的なものがあらわれました。従来は多くの場合、主婦が家族の衣類やシーツを洗濯し、満足そうにほほえむものが多かったのですが、ある洗剤は、部活動という設定のようですが、男性が洗濯をし、いかつい男たちが仕上がりのやわらかさを喜ぶものでした。このCMのおかげで、この新製品は売り上げがかなり上がったそうです。

また、CMでお風呂洗いをする男性は多いですし、さまざまな家電製品のCMに男性の有名アイドルグループが起用されて話題をよんだりしています。

一方、家事ではありませんが、あるドリンク剤のCMでは、夫がでかけるときにドリンクを変身させてそれに乗って「行ってきまーす」と出かけ、妻が「行ってらっしゃい」と手を振っていました。ところが、その後、同じCMの別バージョンが放映されました。夫婦それぞれが「行ってきまーす」と出勤するのです。CMも変わったなと思わせるものでした。「女性にやさしいCM」大賞なども設けられ、意識も大きく変わりつつあるようです。

また、ビールなどのアルコール飲料のCMは、以前はもっぱら男性が飲むシーンが映し出されるものでしたが、最近は女性たちがいかにもおいしそうに飲み干しています。現実生活でも、アルコール飲料をたしなむ女性が増えていることを反映していると思われますが、女性がアルコールを飲むのは「はしたない」といわれていたことを考えると、隔世の感があります。

しかし、後に述べる「性の商品化」と関連することですが、CMに商品と関係のない半裸の女性の姿や、レイプを想像させる場面を使用するなど、物議をかもすコマーシャルはあとをたちません。そこには、女性の身体をモノであるかのように見る視線が存在しています。こうした諸状況を明確に分析していくことが、今後の課題といえるでしょう。

4．新聞・雑誌

次に、新聞を見てみると、記者やデスクに男性が多いということもあるでしょうが、女性がかかわる記事の場合、ステレオタイプ的な女性像が描かれることがあります。「男まさり」、「女だてらに」、「看板娘」などがそれです。

また、女性であるというだけで、一種独特の付加価値が加わることがあります。女流作家、女子大生、婦人警察官などという言葉はよくみますが、それに対応する男性名詞にはほとんどお目にかかりません。「男性顔負けの仕事」をする女性が、「妻、母、仕事の三役をこなし」ていたりすると、ニュースバリューはあがります。事件の当事者が「美人女性教師」だったりするとなおさらです。

また、平安時代の貴族のように、個人の名前よりも「〇〇夫人」とか「〇〇氏の母」といった表現が使われることもあります。よく、結婚した女性はフルネームで呼ばれることが少なくなり、〇〇さんの奥さんとか、〇〇さんのお母さんとか呼ばれることが多いといいますが、女性が誰かに属すものとして表現される記事は、無意識のうちに、女性の立場に対する観念を再生産しているといえましょう。

ここにあがっている差別用語以外にも、次のような表現が問題としてあげられています（上野千鶴子＋メディアの中の性差別を考える会編『きっと変えられる私たちのガイドライン』三省堂）。

・こんな風に呼ばれたくない

OL、看板娘、主婦作家、女医、女史、女流作家、美女・美人、ママさんゴルファー、未亡人、嫁、老婦人

・こんな言葉は願い下げ――おしつけられたイメージ

女の闘い、処女作、女房役、婦女暴行、母国・母校・母なる海、母性

・決まり文句に見る女性像

うち女性〇人、化粧っけなし、女性の気配り、内助の功、未婚の母

・男の偏見まる出しの視点

男まさり、おふくろの味、セクハラ検事・セクハラ面接　働く女性

・男が特別扱いされる時

英雄、パパの育児休業、男の介護・男も子育て・男性向け講座、主人

この書の共著者である「メディアの中の性差別を考える会」は、「ジェンダー的公正報道の五原則」として、1　性別情報不問（ジェンダー・フリー）、2　ジェンダー的公正（ジェンダー・フェアー）、3　（両性の）対称な取扱い（パラレル・トリートメント）、4　包括的な表現（インクルーシブネス）、5　脱・固定観念（バイアス・フリー）を提案しています（同書）。

雑誌も例外ではありません。少女雑誌や少女漫画に描かれる主人公は、目がパッチリした、愛らしい女の子ばかりです。他方、少年雑誌や少年漫画では、スーパーマン的なものやスポーツマンを主人公にしたものが多いといえます。子どものときから、女性は愛らしく、男性は強くといった性別イメージを知らず知らずのうちに植えつけるのです。

また、女性週刊誌には、美容・ファッション・家事などに関する記事や広告が多く掲載されています。これらは、女性に家庭を中心とした場面で夢と希望を与えることによって、性役割を確認させ、家庭に閉じ込める役割を果たしてきたといえるでしょう。

他方、男性週刊誌に登場する女性は、思想や意見を表現するのではなく、ヌード写真などに見られるように、身体を表現する場合が多いのです。女性が男性の性的欲求の対象者となっているのである。ポルノグラフィーの問題は、「性の商品化」ともあいまって、メディアにおけるジェンダーの大きな問題の一つといえましょう。

（3）　ジェンダー視点からのメディア・リテラシー

女性たちのチャレンジにより、メディアにおける女性の問題は大きく変化しつつあります。送り手もかなり気をつかうようになり、ジェンダー・バイアスのある表現は使用しないようになりつつあります。

あとは、受け手たちが、それをきちんと読み解く力をもつことが必要でしょ

う。バイアスのある表現を許さないという目で、情報をチェックしていくことが大切です。

アメリカ創価大学副学長の高橋朋子氏は、アメリカでの体験にふれ、次のように述べています（「女性と世界――グローバル化の中で」栗原淑江編『女性のための人間学セミナー』第三文明社）。

――無意識に、悪びれずに使われた表現の中にも女性に対する先入観が表れることがあります。アメリカで国際結婚した日本人女性が、日本で某経済学教授の講演を聞いた際、その教授（男性）が経済の仕組みを説明するのに、「主婦がスーパーに行って、○○を買ったとします」と、何度も同じ例を使ったとのことで、大変憤慨していました。彼女は、その教授が「スーパーには主婦が行くもの」と決めつけ、何度も「主婦」という言葉を使ったことに対し、「私の家では、夫だって息子だってスーパーに買い物に行きます。主婦ばかりを例に出すのはおかしいと思います」と抗議したとのこと。しかし、さらに彼女を驚かせたのは、その講義を聴いていた他の日本人女性達がなぜ彼女がそんなにいきり立っているのかわからないという表情をしていたことだったそうです。

アメリカでは、性別のみならず、人種、文化、宗教などさまざまな人々が暮らしています。それで、バイアスのある表現に対しては非常に敏感です。日本にいると、そうした表現に無頓着になってしまう傾向があるのは否めないでしょう。

高橋氏は、最後に次のように指摘します。

「日常何気なく使われている表現を見ても、『男顔負け』『男勝り』『女のくせに』『女々しい』『女の腐ったような』等々、女性に対する偏見や先入観を感じさせる表現が日本語にはあまりに多いことに驚かされます。さらに残念に思うことは、差別的表現が使われていてもそれを女性が指摘しなかったり、そういう表現がなぜいけないのか疑問に思わないばかりか、時には、女性自身が使っていることです。……

まず、女性達が意識を高め、偏見を指摘し、抗議し、人々の意識を変えるための努力をしない限り、偏見の根は断ち切れないということを、アメリカの女性達は懸命に訴え続け、それを日常生活の中で実践してきました」

と。

日本でも、フェミニストたちによるメディア監視と提言は、長い歴史をもち、大きな成果をあげていると思われます。最近では、ヘンだと思う表現はかなり少なくなっているようです。専門家だけでなく、一人一人がしっかりした目をもち、ジェンダー・バイアスのないメディアの形成に資していきたいものです。

第6節　身体性と女性

フェミニズムの進展にともなって、女性の身体性の問題が考察されるようになりました。一つは女性に対する暴力の問題です。いわゆる性暴力は長い歴史をもちますが、それらがようやく犯罪として理解され、法律も制定されはじめています。もう一つは、「産む性」としての女性に注目し、「リプロダクティブ・ヘルス／ライツ」や生殖革命などが広く問題とされています。

（1）　女性に対する暴力

暴力行為は、残念ながら、さまざまな場でさまざまな形で行われています。直接的暴力から構造的暴力まで、枚挙にいとまがありません。そのなかで、「性暴力」とは、一般的に社会的弱者である女性が、強者の立場にある男性から受ける肉体的・精神的な虐待といえます。

その現れ方は、直接的なものから間接的なものまでさまざまです。レイプ(強姦)、強制猥褻、痴漢行為、売買春、セクシュアル・ハラスメント、DV（ドメスティック・バイオレンス)、ポルノグラフィー、性器切除、性の商品化、ミス・コンテストなどがその典型です。ここでは、レイプ、DV、ストーカー行為について考察したいと思います。

1．レイプ（強姦）

レイプは、相手の性的な自由を奪い、人権を蹂躙するもっとも悪質な行為といえるでしょう。レイプは、その時点だけではなく、生涯にわたって被害者を苦しめることが多く、深刻な事態を引きおこします。

レイプは親告罪なので、被害者が被害届を出さなければ立件できません。しかし、被害を公にし、裁判を起こすまでにはいたらないケースも多いのです。

理由の一つとしては、裁判の過程でさらに被害者がいやな思いをすることが予想されることがあげられます。いわゆる「セカンドレイプ」です。届け出れば、警察で詳細を聴取され、診察を受け、法廷では加害者を前に心理的苦痛を味わうことになります。また、マスコミが興味本位で扱ったり、友人や社会から非難の目を浴びせられたりすることもあるのです。

1982（昭和57）年には、タイトルもずばり『ザ・レイプ』という、レイプを題材にした日本の映画が上映されました。田中裕子演じる、勇気をもって被害を訴えた女性を、風間杜夫演じる恋人は最初は応援するのですが、裁判の過程でしだいに彼女への疑いをつのらせ、最終的には別れてしまうというストーリーでした。こうしたことが予想されるため、被害者は泣き寝入りをすることが多く、加害者は味を占めて犯行を繰り返す、というようなことがあるのです。

しかし、最近では、被害者が訴えやすくするため、さまざまな工夫がなされています。たとえば、警察の事情聴取を女性警察官が行うとか、裁判の際にも加害者と顔を合せないように衝立の後ろで証言するとかです。卑劣な犯罪は絶対に許さないという方向に向かっているのは、喜ばしいことだと思います。

《コラム6　売買春をめぐって》

売春は、人類の歴史と共に古い職業ともいわれ、日本では『万葉集』にも登場する。双方の合意にもとづき、金品を対価として性行為を行なうことで、売春者の大多数は女性である。近年は、「買う」人がいるから「売る」のであるとの観点から「売買春」と呼ばれることが多い。

日本では1956年に「売春防止法」が成立したが、取り締まりを逃れて偽装したさまざまな売春営業が存在している。デートクラブ、愛人バンクなど客の求めに応じてホテル等に派遣される売春を行う「派遣型」や、個室付浴場の接客婦として働くなかで売春を行なう「個室浴場型」、路上などで客を見付け売春を行う「街娼型」、ナイトクラブなどで働くなかで売春を行う「風俗営業型」、個室付マッサージなど新しい形態のなかで売春を行う「新風俗店型」などがある。

「なぜ売春がいけないのか」という問いに対し、反対派は「全人格の一部である性を切り売りすることに問題がある」とし、容認派は「売る人に自己決定権がある」とするが、議論は絶えない。

2．DV（ドメスティック・バイオレンス）

近年、女性に対する暴力犯罪として注目されるのが、DVです。「家庭内暴力」と訳されますが、夫婦や恋人など親しい間柄で行われる暴力です。恋人同士の場合は、デートDVとよばれています。

DVは、身体的虐待だけでなく、精神的虐待、性的虐待、経済的暴力、社会的隔離などがあります。「誰のおかげで暮らせると思っているんだ」というとか、給料を妻に渡さない、妻の外出を許さないなども含まれます。夫が妻に暴力をふるうという行為は、人類の歴史の最初からあったことでしょう。あまりにも当たり前のように長く続いてきたため、それが犯罪であるということがみえなくなり、妻はただ耐えてきたのが実情でした。

こうした暴力は、「夫婦喧嘩は犬も食わない」と言われ、警察も「民事の問題」として介入に消極的でした。夫になぐられ、必死の思いで警察に電話をした妻に、やってきた警官は、「僕だって妻ぐらいなぐりますよ」といって去って行った例もあるといいます。刑事介入してもよいという法律がない以上、それが限界だったかもしれません。

しかし、2001（平成13）年４月に成立した「配偶者からの暴力の防止及び被害者の保護に関する法律（通称「DV防止法」）」の施行をきっかけに、介入することができるようになりました。「いくら夫婦間であっても犯罪は犯罪だ」ということが明確にうたわれたのです。そして、加害者が不法行為を行えば、暴行罪、傷害罪、強姦罪に問われるようになったのです。大げさにいえば、人類数千年の歴史を経て、21世紀になってやっと成立した法律でした。

当初この法律は、法律婚夫婦だけでなく、事実婚夫婦や元夫婦も対象にしましたが、事実婚に該当しない恋人は対象になっておらず、不備を指摘する声もありました。それに対応して、2013（平成25）年６月26日に改正案が衆議院で可決、成立しました。そこでは、対象を、「生活の本拠を共にする交際相手からの暴力」に準用し拡大するとされました。

これで、デートDVの被害者も、配偶者暴力相談支援センターなどに相談し、一時保護を受けられるようになります。加害者に、接近禁止や保護命令を出すよう、裁判所に申し立てることも可能になります。また、同居期間は問わず、同居解消後に引きつづき暴力を受けている被害者も適用対象となります。

近年、DVの件数が増加しているといいます。これは、DVが増えたのではなく、我慢しないで訴える女性が増えたということだと解釈されています。

対処法としては、避難用シェルターの設置や、加害者である男性へのカウンセリングや研修などが行われていますが、まだまだ不十分であると思われます。また、DVを目撃した子どもたちの精神的ダメージに対する対策も急がれます。さらに近年、DV被害者の住所などの情報を、公的機関が加害者に伝えてしまうケースもあり、その対策も喫緊の課題です。

3．ストーカー行為

近年、深刻な被害をもたらしているのが、ストーカーによる犯罪です。1999（平成11）年には、埼玉県桶川市でストーカーが女子大生を殺害した「桶川ストーカー殺人事件」が発生しました。これは、当時21歳の女子大生が、元交際相手（当時27歳）とその兄が雇った男によって殺害された事件です。

この事件では、被害者とその家族が、再三にわたり管轄の上尾警察署に相談し、告訴状を提出していたにもかかわらず、上尾署は調査をせずに放置していました。また、告訴状を改ざんしていたことまで、後に発覚したのです。ストーカー行為に対する警察署の感覚の鈍さが浮き彫りにされた事件でした。

この事件を契機に、2000（平成12）年５月には、「ストーカー行為等の規制等に関する法律（通称「ストーカー行為規制法」）」が成立し、ようやく取り締まりが行われるようになりました。

本法律の規制対象となる「ストーカー行為」とは、つきまとい行為を反復して行うことです（第２条２項）。そのつきまとい行為とは、要約すると、以下のように定義されています（第２条１項各号）。

1. 住居、勤務先、学校その他通常所在場所でのつきまとい・待ち伏せ・進路立ちふさがり・見張り・押しかけ
2. 監視している旨の告知行為（行動調査など）

3. 面会・交際・その他義務のないことを行うことの要求
4. 著しく粗野な言動・著しく乱暴な言動
5. 無言電話、連続した電話・FAX（ファックス）・メール
6. 汚物・動物の死体等の送付等
7. 名誉を害する事項告知等
8. 性的羞恥心を侵害する事項の告知等

ただし、本法律の規制対象となる「つきまとい等」とは、目的を、「特定の者に対する恋愛感情その他の好意の感情又はそれが満たされなかったことに対する怨恨の感情を充足する」ことにおく行為であって、また、その行為の相手方は、「当該特定の者又はその配偶者、直系若しくは同居の親族その他当該特定の者と社会生活において密接な関係を有する者」であることも要する（２条１項柱書）とされます。

また、上記１～４については、「身体の安全、住居等の平穏若しくは名誉が害され、又は行動の自由が著しく害される不安を覚えさせるような方法により行われる場合に限る」（２条２項）とされています。

こうした法律や警察をはじめとする関係者の取組みにもかかわらず、ストーカー被害はさらに拡大、悪質化しています。2011（平成23）年12月には、長崎県西海市で、ストーカー被害を訴えていた女性の祖母と母親が男に殺害される事件が起きました。この事件は、千葉県、三重県、長崎県をまたいだ犯行であったため、警察が情報を共有できず、事件を防げなかったことが指摘されました。

さらに2013（平成25）年４月には、神奈川県逗子市でデザイナーの女性が元交際相手の男に殺害される事件が起こりました。犯人は、犯行現場と同じアパートの二階の出窓にひもをかけ、首吊り自殺をしました。

男は事件前、女性に「刺し殺す」などと書いたメールを千通以上、送りつけていましたが、ストーカー行為規制法ではメールに対する規定がなかったため、摘発ができませんでした。またこの事件では、結婚したその女性が、名前や住所を伏せて生活していたにもかかわらず、男が探偵をやとってそれを突き止め

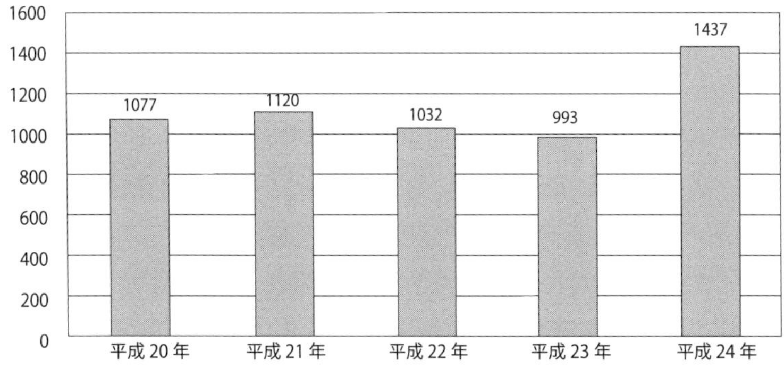

図6-1　ストーカー行為等相談受理状況

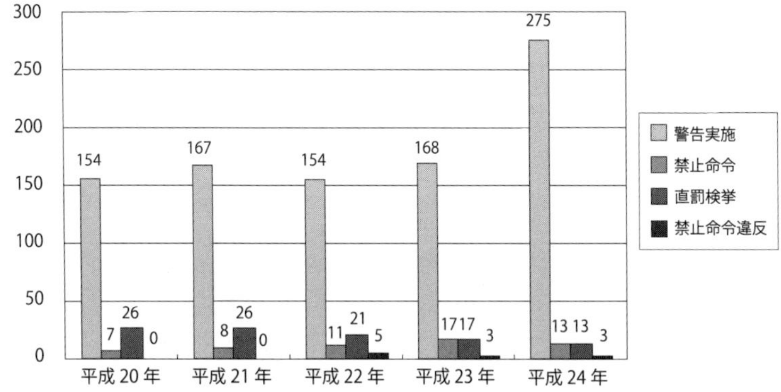

図6-2　ストーカー規制法の検挙（図6-1・2ともに警視庁HP「ストーカー事案の概況」より作成）

たということが判明し、個人情報保護の強化が急がれています。

この逗子ストーカー殺人事件を受けて、2013（平成25）年６月26日に改正案が衆議院で可決、成立しました。この法律の初めての改正でした。改正の主な点は、①執拗なメールを付きまとい行為に追加、②被害者の住所地だけでなく、加害者の住所地などの警察も警告や禁止命令を出せるようにする、③警察が警告を出したら被害者に知らせ、警告しない場合は理由を書面で通知するなどです。同年10月には、この改正法にのっとって、初の逮捕者が出ています。

しかし、その後もストーカー被害は後をたたず、殺人事件にまで発展したものもあります。2013年10月には、三鷹市在住の高校生が元交際相手に殺される事件が起こりました。被害者と家族が警察署に相談した当日のことでした。

ストーカー対策はまだ緒についたばかりですが、警告を受けた加害者に治療やカウンセリングを促すとか、被害者も、初期の段階で被害届を出して保護をあおぐなど、検討が急がれています。

（2） リプロダクティブ・ヘルス／ライツ

次に、女性の身体性をめぐるもう一つのテーマである、「リプロダクティブ・ヘルス／ライツ」について考えます。日本語では「性と生殖に関する健康／権利」と訳されています。これは、妊娠や出産に関するものだけではなく、一生涯を通じての健康を対象としています。この考え方がクローズアップされたのは、先に述べた1994（平成６）年にカイロで開催された「国際人口・開発会議」からといわれます。

産む、産まない、産むならいつ、何人か――こういったことは、当事者の自由のはずですが、歴史的にみると、国策が大きな影響を与えていた時期もありました。たとえば、明治時代には、富国強兵のために「産めよ、ふやせよ」が国家の至上命令とされ、多くの子どもを産むことが奨励されました。

また、日本では比較的、堕胎に対して寛容な面もありましたが、明治時代の刑法では堕胎罪が規定されました。次のような条文があります。

旧刑法　第29章　堕胎ノ罪

第212条〔堕胎〕

懐胎ノ婦女薬物ヲ用ヒ又ハ其他ノ方法ヲ以テ堕胎シタルトキハ一年以下ノ懲役ニ処ス

第213条〔同意堕胎〕

婦女ノ嘱託ヲ受ケ又ハ其承諾ヲ得テ堕胎セシメタル者ハ二年以下ノ懲役ニ処ス因テ婦女ヲ死傷ニ致シタル者ハ三月以上五年以下ノ懲役ニ処ス

第214条〔業務上堕胎〕

医師、産婆、薬剤師又ハ薬種商婦女ノ嘱託ヲ受ケ又ハ其承諾ヲ得テ堕胎セシメタルトキハ三月以上五年以下ノ懲役ニ処ス因テ婦女ヲ死傷ニ致シタルトキハ六月以上七年以下ノ懲役ニ処ス

第215条〔不同意堕胎〕

婦女ノ嘱託ヲ受ケス又ハ其承諾ヲ得スシテ堕胎セシメタル者ハ六月以上七年以下ノ懲役ニ処ス・前項ノ未遂罪ハ之ヲ罰ス

第216条〔結果的加重〕

前条ノ罪ヲ犯シ因テ婦女ヲ死傷ニ致シタル者ハ傷害ノ罪ニ比較シ重キニ従テ処断ス

これは、現在の刑法にも引き継がれ、次のように残っています。

刑法　第2編　第29章　堕胎の罪

(堕胎)

第212条　妊娠中の女子が薬物を用い、又はその他の方法により、堕胎したときは、一年以下の懸役に処する。

(同意堕胎及び同致死傷)

第213条　女子の嘱託を受け、又はその承諾を得て堕胎させた者は、二年以下の懲役に処する。よって女子を死傷させた者は、三月以上五年以下の懲役に処する。

(業務上堕胎及び同致死傷)

第214条　医師、助産婦、薬剤師又は医薬品販売業者が女子の嘱託を受け、又はその承諾を得て堕胎させたときは、三月以上五年以下の懲役に処する。よって女子を死傷させたときは、六月以上七年以下の懲役に処する。

(不同意堕胎)

第215条　女子の嘱託を受けないで、又はその承諾を得ないで堕胎させた者は、六月以上七年以下の懲役に処する。

2　前項の罪の未遂は、罰する。

（不同意堕胎致死傷）

第216条　前条の罪を犯し、よって女子を死傷させた者は、傷害の罪と比較して、重い刑により処断する。

さて、第二次大戦後の1948（昭和23）年９月には「優生保護法」が施行され、その後に付与された経済的理由によって事実上中絶が合法化されました。すなわち、以下のような場合に、任意の優生手術を受けることができるとしたのです。

（任意の優生手術）

第三条　医師は、左の各号の一に該当する者に対して、本人の同意並びに配偶者（届出をしないが事実上婚姻関係と同様な事情にある者を含む。以下同じ。）があるときはその同意を得て、任意に、優生手術を行うことができる。但し、未成年者、精神病者又は精神薄弱者については、この限りでない。

一　本人又は配偶者が遺伝性精神変質症、遺伝性病的性格、遺伝性身体疾患又は遺伝性奇形を有しているもの

二　本人又は配偶者の四親等以内の血族関係にある者が、遺伝性精神病、遺伝性精神薄弱、遺伝性精神変質症、遺伝性病的性格、遺伝性身体疾患又は遺伝性奇形を有し、且つ、子孫にこれが遺伝する虞れのあるもの

三　本人又は配偶者が、癩疾患に罹り、且つ子孫にこれが伝染する虞れのあるもの

四　妊娠又は分娩が、母体の生命に危険を及ぼす虞れのあるもの

五　現に数人の子を有し、且つ、分娩ごとに、母体の健康度を著しく低下する虞れのあるもの

2　前項の同意は、配偶者が知れないとき又はその意思を表示することができないときは本人の同意だけで足りる。

（強制優生手術の審査の申請）

第四条　医師は、診断の結果、別表に掲げる疾患に罹つていることを確認した場合において、その者に対し、その疾患の遺伝を防止するため優生手術を行うことが公益上必要であると認めるときは、前条の同意を得なくとも、都道

府県優生保護委員会に優生手術を行うことの適否に関する審査を申請することができる。

しかし、この法律は、「優生上の見地から不良な子孫の出生を防止するとともに、母性の生命健康を保護することを目的とする」（第一条）とし、優生手術を奨励するもので、障害者への差別を助長するとして批判を浴び、障害者団体から改正を求める動きが起こりました。

そうした批判に対し、1996（平成８）年９月には、前掲の部分や優生思想に基づく部分を削除する改正が行われ、法律名も母体保護法に改められました。今後、「リプロダクティブ・ヘルス／ライツ」の思想にのっとったさらなる改正が要請されます。

（3） 生殖革命

かつては、子どもはコウノトリが連れてきてくれたり、キャベツ畑に生えていたりするといわれ、「めぐまれる」もの、「さずかる」ものでした。それが近年、いわゆる生殖革命によって、「つくるもの」に変わってきました。

自然に出産ができない夫婦が、生殖補助医療の進歩によって、人工授精や体外受精、代理母出産などで子どもをもてる選択肢が登場したのです。これは、子どもをもちたいけれどもさまざまな事情でもてなかった人にとっては、このうえない朗報に違いありません。輝かしい医学の進歩の成果といえるでしょう。

しかし、この技術の進歩によって、悩ましい問題が生じているのも確かです。「お子さんはまだ？」、「孫の顔がみたい」というものから、「不妊治療、しないの？」まで。「女性は子どもを産んで一人前」とされる社会通念のなかで、つらい思いをしている女性も多いのです。日本では「血のつながり」を重視することもその背景にあると思われます。

ここで注目されるのは、不妊の原因は男性にあることが多く、その多くの場合は治療が容易であるにもかかわらず、治療に行くのは圧倒的に女性が多いということです。男性は自分の責任で子どもができないということを認めたくないということもあるでしょうが、出産・子育ては女性の仕事という観念が、そのような態度のうらにあることも事実です。

1．体外受精

不妊治療の一つが、体外受精です。これは、女性の卵管に問題がある不妊の場合や、精子の運動性や数に問題がある場合、性交障害（インポテンツ）がある場合に行われます。精子の提供者によって、「配偶者間人工授精」と「非配偶者間人工授精」に区別されます。具体的には、女性の腹部を二酸化炭素ガスで膨らませて成熟卵子を取り出し、精子を加えて受精させた後に子宮内に移植するものです。受精し分裂した卵（胚）を子宮内に移植することを含めて体外受精・胚移植といいます。

体外受精が最初に行われたのはイギリスにおいてで、生理学者ロバート・G・エドワーズが1978（昭和53）年に行い、女児が生まれました。その後、この女児は成長して結婚し、子どもを産んでいます。エドワーズはこの業績によって、2010（平成22）年度のノーベル生理学・医学賞を受賞しました。日本では、1983（昭和58）年に東北大学で初の体外受精児が誕生しています。2013（平成25）年現在までに、累計では30万3806人に達したといわれます（日本産科婦人学会調査）。

従来は一人の女性が担っていた生殖の一連のプロセスが、今や複数の人間によって分業されることが可能になったのです。そこで、遺伝学的な父と母、精子あるいは卵子の提供者、子宮で生育する母といった多様な組み合わせができるようになりました。

よいことばかりと思われる体外受精ですが、問題点も残ります。安易に体外受精に頼る風潮には、次のような警鐘が鳴らされています（中島久美子『読売新聞』朝刊、2013年10月３日付）。

「体外受精も自然妊娠同様、女性の年齢が上がるとともに妊娠率は下がり、流産しやすくなる。体外受精一件あたりの出産率は、35歳で18％、40歳で８％だ。
この事実が常識として浸透しているとは言い難い。体外受精を受ける女性の約４割が、40歳以上だ。

岡山大大学院の中塚幹也教授（生殖医学）は昨年〔2012年〕夏、大学生約400人に、『40歳女性の体外受精での妊娠率』を聞いた。およそ半数が、実際よりも高い数値を回答した。80％以上と答えた学生もいた。

『体外受精があるからいつでも妊娠できる、と過信しないよう、若い世代に正しい知識を伝え、安全に出産できる若いうちに自然に子どもを授かることができる社会作りも勧める必要がある』と中塚教授は訴える。

体外受精が日本で始まって30年。今や年間出生児の32人に１人は体外受精で生まれる時代になった。だが、女性にとっては採卵やホルモン治療が必要で心身の負担が大きい上、保険がきかず、一回数十万円と高額な医療でもある。

どんな場合に行うのが妥当なのか。他に選択肢はないのか、子どもにどんな影響を残すのか――。課題を整理し、この治療を必要とする夫婦に適切に行える体制整備が求められている」。

ここにあるように、問題の一つには、成功率がそれほど高くないということがあります。受精できたとしても、実際の出産に至る率は、ここにあるようにかなり低いのです。

また、費用が高額であるということもあります。体外受精は一回につき数十万円の費用がかかるとされます。2013（平成25）年現在、日本では体外受精は健康保険の対象とはなっていません。一部では、地方自治体などによる公的補助が行われたり、「特定不妊治療」として補助が行われたりしていますが、国や自治体の一部負担に留まっています。

そのため、数百万円をつぎこむ女性も多く、それが、体外受精の試みを打ち切る踏ん切りをつかせなくなる理由ともなっています。「ここで止めたら、今までの出費が無駄になる。あと少し頑張ろう」と。そうした切実な思いにつけこみ、見込みがないのに「次は必ず産めますよ」と言って治療を続けさせる「悪徳医師」も存在するといいます。

最後の問題点として、近年クローズアップされている「卵子の老化」があります（以下の記述は、『読売新聞』朝刊、2013年８月24日付による）。

――体外受精をしても、四十五歳以上の女性の場合、妊娠できる可能性は〇・五％といわれます。卵子の老化が大きな原因といわれます。

そのため最近、将来の出産に備えるために卵子の凍結保存を行う女性が増えています。これは卵子に特殊な処理を施し、氷点下一九六度の液体窒素で凍らせて保存するものです。そうしたニーズに対応して、希望者に卵子凍結を行なう病院や、凍結を請け負う民間バンクなどのビジネスも始まっています。

そうした状況をふまえ、卵子凍結の商業化に歯止めをかけるためもあり、日本生殖医学会は、二〇一三年八月二三日、健康な未婚の成人女性が行う卵子の凍結保存を容認する方針をまとめました。従来、卵子の凍結保存は、不妊治療を目的とした既婚者と、治療で卵巣機能が失われる恐れのあるがん患者にのみ認められていましたが、今回初めて、未婚女性に対して認める指針案が出されたのです。

同会の吉村理事長は、あくまで指針案のねらいは、卵子冷凍凍結の「推奨ではなく正しい情報の提供」と強調しています。同学会によると、凍結卵子を使って不妊治療を行っても、出産に至る確率は10％程度で、採卵には大量出血などのリスクもあります。吉村理事長は、「『凍結してあるから大丈夫』という患者さんの声を聴く。間違った知識で、自然妊娠の機会を逃さないでほしい」と語っています――。

これは、卵子バンクをめぐる問題ですが、諸外国には「精子バンク」があります。日本では認められていませんが、精子の仲介をするビジネスが盛んなのです。アメリカなどでは、容姿やIQなどがランク付けされ、スポーツ選手やノーベル賞学者の精子は高く売れるそうです。それを購入する女性は、結婚していない場合が多く、「夫はいらないけれど、子どもはほしい」という考え方からの行動です。

2．代理母出産

日本では認められていませんが、代理母による出産も各国で行われています。これにはいくつかのパターンがあります。卵子と精子が夫婦のもので、それを体外で受精させて代理母の子宮に移植して出産してもらうものと、夫の精子を代理母に人工授精させて出産してもらうものがあります。

また、日本で禁止されているため、海外での代理母出産も行われており、アメリカで実施したものも相当数あるといわれます。近年では、インドやタイで代理出産を行うケースが増えています。

また、長野県の諏訪マタニティークリニックの根津八紘院長は、日本国内初の代理母出産を実施し、2001（平成13）年５月にこれを公表しました。さらに、2006（平成18）年10月、同医師が、年老いた母親に女性ホルモンを投与し娘のための代理母にした、という特殊な代理母出産を実施したことを公表しました。それらに対し、代理母出産を認めていない日本産科産婦人科学会は批判をしています。

そうしたなか、タレントの向井亜紀氏が、アメリカで代理母出産を行ったことが話題になりました。向井氏は、妊娠を機に診察を受けたところ、子宮頸がんであることが判明し、胎児ともども子宮を摘出しました。そして、子どもを欲しい一心からアメリカの代理母による出産を試みました。この場合、卵子は向井氏から取り出し、精子は夫の高田延彦氏のものです。一人目の代理母では成功せず、二人目の代理母によって双子を出産しました。2003（平成15）年11月28日のことでした。

向井氏は、その経緯と心情を『会いたかった　代理母出産という選択』（幻冬舎、2004年）として出版し、反響を呼びました。法的には日本で認められていないため、出生届けは受理されていません。

こうした状況のなか、日本学術会議は、2008（平成20）年４月に、代理懐胎の法規制と原則禁止などを内容とする提言を行いました。その提言の内容の一部は、以下の通りです。まず、「２　現状及び問題点」を次のように述べます。

「我が国においては、代理懐胎の実態が客観的に把握されておらず、医学的安全性、確実性、生まれた子への長期に渡る影響などは不明である。一方で、代理懐胎に関しては、妊娠・出産という身体的・精神的負担やリスクを第三者に負わせるという倫理的問題、母子関係をめぐる法的問題などについても、様々な議論がある。これまで行政庁や学会、専門家による検討も進められてきたが、法制化には至っていない。そのような状況の下で、代理懐胎が一部の医師により進められており、また渡航して行われる事例も増加している。

このため、本委員会では、代理懐胎の規制の是非について、医学的側面、倫理的・社会的側面、法的側面から詳細に検討し、母体の保護や出生した子の福祉を尊重する立場から、下記の提言(1)から(4)のような結論に到達した。代理懐胎を法律によって原則として禁止する場合も、代理懐胎によって生まれる子が存在しうる以上、子の福祉という観点から子の法的地位を決定する方法を明確にしておく必要がある。そこで本委員会では、最高裁平成19年3月23日決定等を考慮しつつ、生まれた子と代理懐胎者・依頼夫婦との親子関係などについて検討し、下記の提言(5)から(6)のような結論に到達した。生殖補助医療をめぐる問題には、代理懐胎の是非や親子関係の決定方法のほか、子の出自を知る権利、卵子提供の問題など今後の検討課題が山積している。本委員会ではこれらに関する検討も行ったが、本報告書の報告事項としては示さず、下記の(7)から(10)のように提言することとした。」と。

そして、次のように提言しています。

「(1)　代理懐胎については、法律（例えば、生殖補助医療法（仮称））による規制が必要であり、それに基づき原則禁止とすることが望ましい。

(2)　営利目的で行われる代理懐胎には、処罰をもって臨む。処罰は、施行医、斡旋者、依頼者を対象とする。

(3)　母体の保護や生まれる子の権利・福祉を尊重し、医学的、倫理的、法的、社会的問題を把握する必要性などにかんがみ、先天的に子宮をもたない女性及び治療として子宮の摘出を受けた女性に対象を限定した、厳重な管理の下での代理懐胎の試行的実施（臨床試験）は考慮されてよい。

(4)　代理懐胎の試行に当たっては、医療、福祉、法律、カウンセリングなどの専門家を構成員とする公的運営機関を設立すべきである。一定期間後に代理懐胎の医学的安全性や社会的・倫理的妥当性などについて検討し、問題がなければ法を改正して一定のガイドラインの下に容認する。弊害が多ければ試行を中止する。

(5)　代理懐胎により生まれた子の親子関係については、代理懐胎者を母とする。

(6)　代理懐胎を依頼した夫婦と生まれた子については、養子縁組または特別養子縁組によって親子関係を定立する。

(7)　出自を知る権利については、子の福祉を重視する観点から最大限に尊重すべきであるが、それにはまず長年行われてきた夫以外の精子による人工授精(AID)の場合などについて十分検討した上で、代理懐胎の場合を判断すべきであり、今後の重要な検討課題である。

(8)　卵子提供の場合や夫の死後凍結精子による懐胎など議論が尽くされていない課題があり、今後新たな問題が出現する可能性もあるため、引き続き生殖補助医療をめぐる検討が必要である。

(9)　生命倫理に関する諸問題については、その重要性にかんがみ、公的研究機関を創設するとともに、新たに公的な常設の委員会を設置し、政策の立案なども含め、処理していくことが望ましい。

(10)　代理懐胎をはじめとする生殖補助医療について議論する際には、生まれる子の福祉を最優先とすべきである。」

以上、日本ではこうした考え方から代理母出産が禁止されています。しかし、外国で実施される代理母出産についても、いくつか問題点があります。妊娠・出産に対するリスクはつねにありますが、そうした負担を代理母に負わせることの問題があります。また、ここでも、費用がかかりすぎるという問題もあります。代理母がボランティアの場合も、渡航費その他の費用は莫大になります。

さらに、契約違反時の問題点があります。一方では、代理母が子どもに愛着をもってしまい、子どもの引き渡しを拒否する事例があります。他方では、生まれた子どもが何らかの理由で引き取り拒否をされる場合です。たとえば、子どもが障害をもっていたために依頼夫婦が引き取りを拒否するとか、妊娠中に依頼夫婦が離婚してしまって、引き取りを拒否した例があります。

法的にも倫理的にも、さまざまな問題があり、慎重に議論していくべきテーマです。

3．出生前診断

出産前に、生まれてくる子が男か女かを知りたいという人は少なくないでしょう。これは、腹部の超音波診断で判明しますが、こうした診断は1970年代から盛んに行われるようになりました。

その後、医療技術の進歩によって、性別だけでなく、胎児のさまざまな状況を知ることができるようになってきました。羊水や胎児の生体サンプルを取り出すことによって、より正確な検査を行い、血友病等20種類近い遺伝病の遺伝因子の有無やダウン症等の染色体異常が判別できるようになったのです。

さらに、新型出生前診断が行われるようになりました。次のようなことが報告されています（以下の記述は、『読売新聞』朝刊、2013年10月30日付による）。

> 従来の出生前診断には超音波検査、羊水検査、血液中の特定の物質を測る母体血液マーカーなどがある。新型検査は簡便で制度も高いが、確定させるには羊水検査などが必要。
>
> 妊婦の採血だけで胎児のダウン症など染色体の病気が高い精度でわかる新型出生前診断が日本で二〇一三年四月に始まった。
>
> 新型検査は、人間の全遺伝情報（ヒトゲノム）が十年前に解読され、医療への応用が始まって可能になった。そして、国境を越え、世界に広がっている。……カリフォルニア州では、出生前診断でダウン症だと診断がついた妊婦の七十五％が中絶」。

ここにもあるように、出生前診断がはらむ問題点の一つは、その結果に基づく人工妊娠中絶です。すなわち、人間の質による選別を促してしまう危険性があるのです。遺伝病や障害があるとわかった胎児を中絶することは、優生学的な生命の選別に当たるでしょう。しかし、もし産んで大変な思いをして育てるには困難をともなうことも確かです。

事前に知らなければ、生まれてきた子がどのような状態であれ、愛情をもって育てることができたはずが、知ったことによってその生命を断つというのは、親としてつらいことに変わりはありません。両親は、以前にはなかった悩ましい問題に直面することになるのです。困難をもって子どもを育てることを回避するための女性の中絶を選択する権利と、病気や障害を持つ子どもの生きる権利が対峙しているのです。

このような新しい状況に対応する倫理ガイドラインや規制法が早急に求められています。

最後に、人類にとっての福音ともいえる生殖革命に共通した問題について考察してみたいと思います。それは、体外受精や代理母出産で生まれた子どもが、精子や卵子の遺伝子の親を知りたいと思ったとき、すなわち自身の出自を知りたいと思ったときに、どう対応するかという問題です。

日本でも、すでに数万人の体外受精児が存在しているといいます。大部分の子どもはその次第を親から知らされていない場合が多く、成人して事情を知り、アイデンティティの半分を探したいと試みる人もいます。

しかし、精子あるいは卵子の提供者については、匿名性の原則が存在し、その情報は一切、公表しないことになっています。そして、ある一定の期間ののち、そのデータは廃棄されます。しかし一方で子どもの出自を知る権利も重要です。生殖医療は、このような問題も提起しているのです。

こうした点をめぐる、螣島次郎氏の示唆的な指摘を紹介したいと思います。

「第三者の精子や卵子の提供で生まれた子には、提供者について知る権利があるという議論がある。法律でそれを認めている国も多い。日本でもどうするか考えなくてはならないが、まずその前に、どんな生殖補助医療で生まれた子でも、産んだ女性が母で、その夫が父だ、という原則をしっかり法律に定めるべきだ。

提供者について知ることを『出自を知る』という。別の親を探そうというのではなく、自分がどのようにして生まれたか事実を確かめたいというのである。だが出自を知ろうとする行為は、育ててくれた親との関係をぎくしゃくさせる恐れがある。それが不安だから、よそから精子や卵子をもらって生まれたという事実を、子には知らせない親が多い。

しかし、法律で出自を知る権利を認めれば、子に事実を伝えるよう親に求める圧力が高まるだろう。そのようなプライバシーの領域に、国が法律で介入するべきだとは思えない。当事者の間で解決すべき問題だろう。

出自を知ることが問題になるのは、特別な生殖補助医療だけではない。養子全般にもいえることだ。外から養子を取って家を継がせるのは日本社会で広く受け入れられた伝統だった。だが昨今は、非常に養子を取りにくいのが実情だ。法律に定めのないさまざまな制約条件（年齢や就労状況など）が養親になろうとする人に課せられる。

こうした現場の抑制的な運用を改め、現にたくさんいる親のない子に家庭を与える施策を進めるべきだ。不妊当事者を卵子提供や代理懐胎のような道に進ませるのではなく、養子という選択肢をもっと受け入れやすくする道を社会全体で探るのが先決だろう。

そのうえで出自を知ろうとする子をどう支援するかは、生殖補助医療だけでゼロから仕組みをつくるのではなく、養子を普及さえることに人材と財源を投入するなかで、その一環として検討すればよいと私は考える。」（櫛島次郎（「人の親になるとは　生殖補助医療をめぐる法律議論から」『聖教新聞』2013年10月29日付）

と。

日々進展する生殖医療技術を前に、人間の意識や社会制度が追いついていけない状況が続いています。今こそ、新しい時代にふさわしい人間の倫理観を確立することが望まれます。

第７節　女性と犯罪

（1）　女子少年院

「犯罪の陰に女あり」とよく昔からいわれております。確かに今まで表に現れてくる女子の犯罪は、男子に比べるとその量からいってもかなり少なく、質的にいっても男子の犯罪とはかなり違った特色をもっていました。すなわち男子の犯罪が、多くは社会的要因によって発生するのに対して、女子の犯罪は、女子特有の生物的・心理的要因に求められていたのです。しかし、最近はそうとばかりもいえなくなっています。これは、女子の社会的地位が向上するとともに生活条件も変わり、女子の意識の変化が大きく犯罪にも影響を与えるようになってきたものと思われます。世界の多くの国においても近年女子の犯罪は男子なみに増加しているのが現状です。いわゆる陰の存在であった女子が表に顔を出してきたといっても過言ではないのです。しかし、女子の地位が上がり男女は平等であるといっても、女子の身体は、子供を生むことができる構造になっています。種の保存ということからいっても、男子は能動的に女子は受動的にならざるを得ません。ですから、まだまだ男子の犯罪に比べると女子の犯罪は圧倒的に少なくなっています。アーノルド・シュワルツネッカーの「ジュニア」という映画ではありませんが、男子がもし子供を生むことができるようになったとき、本質的な男女の平等がやってくるのではないかと思われます。

1．女子少年の非行・犯罪

どんな凶悪な犯罪者でも、また非行少女でも、生まれながらに犯罪者や非行少女であったわけではありません。はじめはみな普通のかわいい女の子であったはずです。筆者はいま、学生を連れて毎年少年院の見学に行っています。少年院は、現在全国52庁、うち女子少年院９庁、現在までに男女併せて35庁（151回）の少年院を見学しています。

特に女子少年院においては、門を入ると本当に爽やかな挨拶が返ってきます。嫌々やらされているという感じはまったくありません。これが、少女たちの本来のいのちであり姿なのです。こんなに爽やかな明るい少女たちが、どうして非行をするのだろうか。これを少し考えてみたいと思います。

２．女子少年院

「少年院」と聞くと、すさんだイメージを思い浮かべる人が多いようですが、実際にはまったく違います。男子少年院が○○少年院という名前になっているのに反し女子は、愛光女子学園とか、筑紫少女苑とか、丸亀少女の家というような少年院とは思えないような名前になっています。

少年院での１日は、朝６時（あるいは、６時半、７時という少年院もあります）の起床から夜９時の就寝まで、スケジュールが厳密に決められており、勝手な行動はまったく許されておりません、廊下を歩くときもダラダラ歩くこともできません。また、グランドを歩くときでも、集団で規律正しく行動します。行動する上での乱れは一切ありません。

どこの少年院でもその統制は見事なものです。たった一人で、授業をメチャメチヤにしてしまうような問題児を一カ所に集めて指導しているわけですが、授業風景を見ても、本当に真剣に授業に取り組んでおり、これが非行少女であったとは想像もつかないほどです。中学校や高校の先生と、少年院で見学途中に会うこともありますが、先生方は一様に驚いています、「すごい」と。

⑴　**収容者の非行名**　2011（平成23）年の少年の交通関係法令を除く一般刑法犯の検挙人員は、９万4859人でありそのうち、女子は、１万8243人になっています。女子のもっとも多い犯罪は、窃盗で１万3446人で圧倒的多数を占めています。横領が、2334人になっており、このうち2329人は、遺失物横領になっています。傷害が797人、住居侵入が379人、驚くことに殺人が15人もいて４人に１人が女子によるものです。

表7-1　少年による一般刑法犯　検挙人員・少年比（罪名別・男女別）

（平成23年）

罪名	少年					成人			少年比
	総数		男子	女子		総数	男子	女子	
					女子比				
総数	94,859	(100.0)	76,616	18,243	19.2	227,708	177,063	50,645	29.4
殺人	60	(0.1)	45	15	25.0	914	691	223	6.2
強盗	625	(0.7)	596	29	4.6	1,824	1,693	131	25.5
傷害	5,553	(5.9)	4,756	797	14.4	16,819	15,711	1,108	24.8
暴行	1,646	(1.7)	1,474	172	10.4	20,786	19,194	1,592	7.3
窃盗	59,382	(62.6)	45,936	13,446	22.6	120,515	80,214	40,301	33.0
詐欺	947	(1.0)	685	262	27.7	9,670	8,149	1,521	8.9
恐喝	1,403	(1.5)	1,246	157	11.2	2,099	2,001	98	40.1
横領	16,421	(17.3)	14,087	2,334	14.2	31,481	27,927	3,554	34.3
遺失物等横領	16,369	(17.3)	14,040	2,329	14.2	30,459	27,070	3,389	35.0
強姦	82	(0.1)	82	—	—	696	694	2	10.5
強制わいせつ	455	(0.5)	449	6	1.3	1,934	1,931	3	19.0
放火	141	(0.1)	119	22	15.6	548	397	151	20.5
住居侵入	2,992	(3.2)	2,613	379	12.7	2,947	2,777	170	50.4
器物損壊	2,187	(2.3)	1,941	246	11.2	4,489	4,107	382	32.8
その他	2,965	(3.1)	2,587	378	12.7	12,986	11,577	1,409	18.6

注1　警察庁の統計による。
2　年齢は犯行時であり，また，触法少年の補導人員を含む。
3　遺失物等横領は，横領の内数である。
4　（　）内は，構成比である。

（法務省法務総合研究所編『犯罪白書』（平成24年版）p.97）

⑵　**少年院収容者**　　検挙された少女のうち、家庭裁判所の審判の上、保護処分の一つ（他に、児童自立支援施設送致・養護施設送致、保護観察処分があります）として少年院に送られます。第３の山の頂点ともいえる1985（昭和60）年に少年院に収容された少年は、6029人でその中で男子が5276人、女子が753人でした。女子の753人のなかでもっとも多い犯罪は、刑法犯で窃盗が136人、傷害が51人、恐喝が12人、しかし、殺人が６人もいるのが驚きです。窃盗は2008（平成20）年には、84人いましたがこれも徐々に減少し2011（平成23）年には71人になっています。次いで傷害も、2008（平成20）年には72人、2011（平成23）年には、64人と横ばい状態です。放火は、2008（平成20）年には、２人でしたが、2011年には、６人と増えています。

５年前の2008（平成20）年には、少年院に送られた少女は388人でした。しかし、現在徐々に減少し、2011（平成23）年は、329人、2012年には、292人になっています。これは、2011年の男子少年の収容者3157人からいっても10分の１以下といえます。

表7-2　少年院入院者の人員（非行名別）

（昭和60年、平成17～23年）

非行名	昭60年		17年	18年	19年	20年	21年	22年	23年		
	総数	うち女子							総　数	男　子	女　子
総数	6,029	753	4,878	4,482	4,074	3,971	3,962	3,619	3,486	3,157	329
	(100.0)	(100.0)	(100.0)	(100.0)	(100.0)	(100.0)	(100.0)	(100.0)	(100.0)	(100.0)	(100.0)
刑法犯	4,363	240	3,890	3,604	3,287	3,148	3,215	2,949	2,967	2,768	199
	(72.4)	(31.9)	(79.7)	(80.4)	(80.7)	(79.3)	(81.1)	(81.5)	(85.1)	(87.7)	(60.5)
殺人	34	6	32	28	20	22	19	13	19	13	6
強盗	130	10	452	354	335	278	313	190	254	245	9
傷害	507	51	541	656	709	705	666	680	657	593	64
暴行	29	2	24	35	33	37	27	39	29	23	6
窃盗	2,666	136	1,951	1,688	1,477	1,371	1,484	1,362	1,343	1,272	71
詐欺	18	2	85	78	48	74	65	60	88	84	4
恐喝	290	12	313	290	252	233	222	189	205	185	20
強姦	253	4	96	68	63	74	62	65	31	31	-
強制わいせつ			65	66	64	64	95	102	90	90	-
危険運転致死傷			6	7	9	8	9	12	7	5	2
自動車運転過失致死傷・業過			75	71	65	49	53	54	54	51	3
放火	42	3	41	51	31	32	36	29	25	19	6
公務執行妨害	33	-	16	18	16	15	19	21	24	24	-
暴力行為等処罰法	75	4	46	48	29	41	19	7	17	16	1
その他	286	10	147	146	136	145	126	126	124	117	7
特別法犯	1,216	276	818	732	654	681	608	574	428	333	95
	(20.2)	(36.7)	(16.8)	(16.3)	(16.1)	(17.1)	(15.3)	(15.9)	(12.3)	(10.5)	(28.9)
売春防止法	7	5	6	5	5	5	3	3	10	-	10
覚せい剤取締法	526	214	206	137	122	132	141	118	104	36	68
毒劇法	250	42	98	82	75	51	44	34	11	6	5
道路交通法	405	8	411	429	383	408	322	329	262	256	6
その他	27	7	97	79	69	85	98	90	41	35	6
ぐ犯	451	237	170	146	133	142	139	96	91	56	35
	(7.5)	(31.5)	(3.5)	(3.3)	(3.3)	(3.6)	(3.5)	(2.7)	(2.6)	(1.8)	(10.6)

注　1　矯正統計年報による。
　　2　（　）内は，構成比である。

（昭和61年版『犯罪白書』Ⅲ-38、平成24年版『犯罪白書』資料3-13より作成）

2011（平成23）年の特別法犯では、覚せい剤が68人、ぐ犯※が35人います。売春が10人。1985（昭和60）年第3の山といわれたときに女子の収容者が753人であったことを思うと、半減しています。

※　ぐ犯少女　　虞（ぐ）犯と書きます。これは、そのままにしていると犯罪を犯す虞（おそれ）のある少女のことです。ですから今は、はっきりとした犯罪を行っているわけではありません。たとえば、いかがわしい場所に出入りしたり、いかがわしい人と付き合ったり。家に帰らなかったり、親の言うことを聞かない等の一定の事由があって、その性格・環境に照らし、将来、罪を犯し、または刑罰法令に触れる行為をする虞（おそ）れのある少女を虞犯少年といっているのです。

虞犯少年は、少年法により家庭裁判所の審判に付されるもので家庭裁判所は、審判で保護処分の一つとして少年院送致を決定します。いわゆる、要保護性（保護の必要な少年）の判断をするのです。この虞犯は、女子少年に多いのが特徴的です。

表7-3　少年院入院者の人員（男女別・処遇区分別）

①　昭和

年　次	総数				男子			女子		
	計		短期処遇	長期処遇	計	短期処遇	長期処遇	計	短期処遇	長期処遇
24年	4,962	(2,023)	…	…	4,428	…	…	534	…	…
25	6,868	(4,530)	…	…	6,142	…	…	726	…	…
26	11,333	(8,299)	…	…	10,260	…	…	1,073	…	…
27	10,428	(10,815)	…	…	9,464	…	…	964	…	…
28	9,040	(10,286)	…	…	8,170	…	…	870	…	…
29	8,891	(10,532)	…	…	8,058	…	…	833	…	…
30	8,604	(10,476)	…	…	7,805	…	…	799	…	…
31	7,818	(9,561)	…	…	7,118	…	…	700	…	…
32	8,218	(9,464)	…	…	7,387	…	…	831	…	…
33	8,720	(9,540)	…	…	7,817	…	…	903	…	…
34	9,329	(10,121)	…	…	8,409	…	…	920	…	…
35	8,992	(9,930)	…	…	8,166	…	…	826	…	…
36	8,621	(9,525)	…	…	7,832	…	…	789	…	…
37	8,248	(9,163)	…	…	7,528	…	…	720	…	…
38	7,640	(9,026)	…	…	6,967	…	…	673	…	…
39	8,300	(8,939)	…	…	7,541	…	…	759	…	…
40	7,874	(9,371)	…	…	7,140	…	…	734	…	…
41	8,065	(9,507)	…	…	7,407	…	…	658	…	…
42	6,661	(8,680)	…	…	6,108	…	…	553	…	…
43	5,357	(7,183)	…	…	4,850	…	…	507	…	…
44	4,409	(5,859)	…	…	4,039	…	…	370	…	…
45	3,965	(4,986)	…	…	3,658	…	…	307	…	…
46	3,290	(4,389)	…	…	3,031	…	…	259	…	…
47	2,940	(3,757)	…	…	2,702	…	…	238	…	…
48	2,276	(3,162)	…	…	2,063	…	…	213	…	…
49	1,969	(2,515)	…	…	1,817	…	…	152	…	…
50	2,549	(2,532)	…	…	2,364	…	…	185	…	…
51	2,662	(2,798)	…	…	2,425	…	…	237	…	…
52	3,277	(2,672)	…	…	2,947	…	…	330	…	…
53	3,779	(2,902)	1,163	2,616	3,351	1,059	2,292	428	104	324
54	4,074	(3,195)	1,355	2,719	3,556	1,198	2,358	518	157	361
55	4,720	(3,509)	1,742	2,978	4,201	1,569	2,632	519	173	346
56	5,004	(3,676)	1,835	3,169	4,468	1,669	2,799	536	166	370
57	5,253	(3,961)	1,868	3,385	4,684	1,670	3,014	569	198	371
58	5,787	(4,188)	1,996	3,791	5,084	1,779	3,305	703	217	486
59	6,062	(4,600)	2,175	3,887	5,326	1,931	3,395	736	244	492
60	6,029	(4,441)	2,041	3,988	5,276	1,790	3,486	753	251	502
61	5,747	(4,456)	1,906	3,841	5,098	1,709	3,389	649	197	452
62	5,222	(4,241)	1,833	3,389	4,639	1,653	2,986	583	180	403
63	4,831	(3,846)	1,618	3,213	4,254	1,426	2,828	577	192	385

② 平成

年次	総数				男子			女子		
	計		短期処遇	長期処遇	計	短期処遇	長期処遇	計	短期処遇	長期処遇
元年	4,811	(3,748)	1,799	3,012	4,253	1,597	2,656	558	202	356
2	4,234	(3,458)	1,622	2,612	3,769	1,467	2,302	465	155	310
3	4,329	(3,259)	1,678	2,651	3,813	1,498	2,315	516	180	336
4	4,356	(3,377)	1,847	2,509	3,825	1,645	2,180	531	202	329
5	4,229	(3,183)	1,768	2,461	3,757	1,564	2,193	472	204	268
6	4,000	(3,030)	1,696	2,304	3,548	1,544	2,004	452	152	300
7	3,828	(2,847)	1,655	2,173	3,353	1,493	1,860	475	158	317
8	4,208	(2,945)	1,891	2,317	3,719	1,718	2,001	489	173	316
9	4,989	(3,358)	2,162	2,827	4,475	1,965	2,510	514	197	317
10	5,388	(3,916)	2,216	3,172	4,863	2,025	2,838	525	191	334
11	5,538	(4,198)	2,307	3,231	5,038	2,137	2,901	500	170	330
12	6,052	(4,528)	2,325	3,727	5,448	2,145	3,303	604	180	424
13	6,008	(4,807)	2,234	3,774	5,393	2,053	3,340	615	181	434
14	5,962	(4,794)	2,276	3,686	5,408	2,117	3,291	554	159	395
15	5,823	(4,726)	2,073	3,750	5,283	1,929	3,354	540	144	396
16	5,300	(4,585)	1,781	3,519	4,772	1,648	3,124	528	133	395
17	4,878	(4,217)	1,520	3,358	4,299	1,372	2,927	579	148	431
18	4,482	(4,017)	1,413	3,069	3,996	1,301	2,695	486	112	374
19	4,074	(3,716)	1,310	2,764	3,665	1,219	2,446	409	91	318
20	3,971	(3,474)	1,176	2,795	3,583	1,109	2,474	388	67	321
21	3,962	(3,579)	1,107	2,855	3,544	1,028	2,516	418	79	339
22	3,619	(3,410)	933	2,686	3,285	874	2,411	334	59	275
23	3,486	(3,191)	955	2,531	3,157	900	2,257	329	55	274

注 1 少年矯正保護統計，少年矯正統計年報及び矯正統計年報による。
2 （ ）内は，一日平均在院者数である。

（前掲『犯罪白書』資料3-13）

女子のこれらの犯罪数を見ると、女子の犯罪のほとんどは窃盗と特別法犯である覚せい剤取締法違反といっても過言ではありません。次いで横領・傷害と続いていますが、おもしろいことに、横領は窃盗に反してそれほどの減少は見せていません。女子の、余り危険を侵さないで金品を自分のものにするという特質が現れているのかもしれません。

これらの女子少年の犯罪数を見てもわかるように、当然男子よりも女子の少年院収容者の数が圧倒的に少なくなるため、少年院も全国で９庁という少ない数になっているのです。

⑶ **累進処遇制度**　しかし、少年院に入院したからといって、少年たちが院内ですぐに集団行動に適応できるわけではありません。やはり、集団の規律を遵守させるための強制力が必要です。そのため、入院期間中の少年の行動を

一定期間ごとに評価して、最終的に社会生活に適応できるレベルまで評価された時点で、仮退院が許される「累進処遇制度」というシステムが採用されています。

処遇段階は、入院時の２級下から２級上、そして１級下、１級上と進級していきます。２級下の下に３級という処遇段階もありますが、これは逃走を図った場合などの極端な行動が確認されたケースに暫定的に適用される処遇で、通常はあまり適用されていません。教育目標の達成度などを参考に、成績評価が１カ月に１度行われて、その成績をもとに３カ月に１回進級審査が行われます。これに合格すれば、２級の下から２級の上へという具合に進級していき１級上になると出院準備期教育に入ります、この流れがあるので、一般に「少年院は、１年程度で出院できるといわれています。

これは、表面的に受け止めると「こんな短期間に本当に更生が可能なのか」という疑問に突き当たります。実際に矯正効果が認められた少年だけが出院してくるわけで、矯正が不十分で出院してくることはありませんので、心配ありません。一般の感覚と違って成長期の少年にとっての１年間は、大人の５～６年に匹敵します。その期間を規律の厳しい施設内で過ごすのですから、かなりの矯正効果が期待できることは間違いありません。

３．非行の原因

一般的にいって少年院に入院している少女たちの非行の原因は、いつの時でも主に家庭に見られます。両親の離婚、また、父親の暴力・酒乱・犯罪等も非行と大きく関わっています。また、非行少女のほとんどの家庭に保護の過剰と甘やかしがあります。かわいいかわいいで育ててきて、次第に子どもがわがままになっていきます。そのため、ある程度の年頃になってくると親のいうことを聞かなくなってくる。そこで父親がいきなり暴力を振るうようになります。

これらのことから少女たちは、家庭が安住の場で無くなってきます。そこで家庭の他に自分を受け入れてくれる場所や人を探します。そして家出を繰り返すようになってくるのです。そこで必ず暴力団と関係をもってきます。ほとん

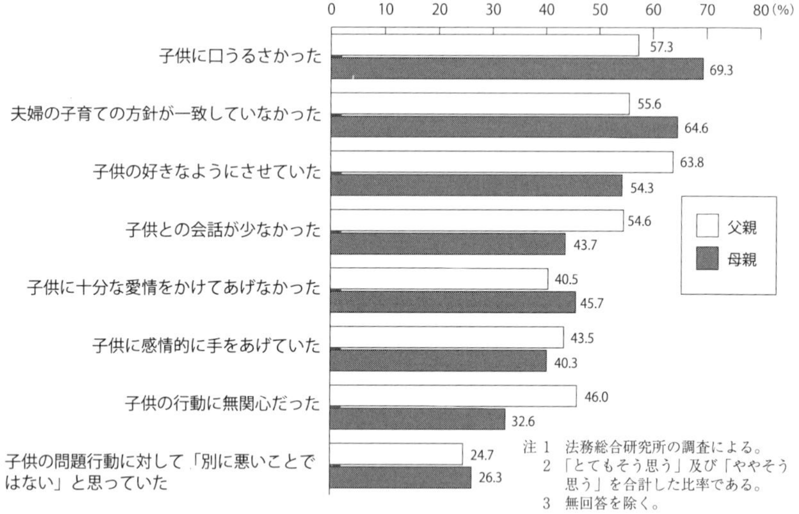

注 1 法務総合研究所の調査による。
2 「とてもそう思う」及び「ややそう思う」を合計した比率である。
3 無回答を除く。

図7-1 子育ての問題（少年院における保護者調査）

（平成17年版『犯罪白書』第4編より作成）

どの少女は暴力団に悪い印象はもっていません。それどころか憧れさえ抱いている少女もいます。暴力団と関係をもつと、不良少女仲間に顔がききます。みんなは「悪い人」というが、私の付き合っている人は「悪い人ではない」、「優しい」、「私は大切にされている」、「親よりも親身に話を聞いてくれる」。これらが少女達の悲しい言葉です。たしかに暴力団は本当に最初は大切にしてくれます。お小遣いもくれます。最後には覚せい剤までうってくれます。

このように家庭の父親に代わる受け皿としての異性を暴力団に求めていってしまうのです。そして暴力団を求めるための手段として性を使うのです。その後暴力団によって覚せい剤の濫用、性非行（売春）等をさせられます。ですから少女は覚せい剤事犯が多くなっています。

そのうちに次第に深みにはまり、覚せい剤を手に入れるために自分から体を売って金を稼ぐことを覚えていきます。そして抜き差しならないところまでやってきて、心身共に疲れはてる。ボロボロになったとき補導され少年院に収容されたときには、ホッとして肩の荷を降ろす少女さえいるのです。少年院が保護処分だというのはこれらの少女を見ているとよく理解できます。

少女は非行のはじめに100%家出をします。家出をしないで非行に走る少女はいません。そして、その後は性犯罪が圧倒的に増えていきます。

しかし、これらの非行もまったく突然やってくるかといえば、そうではありません。子どもの性格や特徴をよく理解し観察していれば早期に非行傾向が発見できるはずです。きっと「今までと何か違う」、という感じがするはずです。そのとき、絶対的信頼をもってしっかり対処することが大切です。子どもに命をかける気が無ければなりません。マーフィの法則のなかに「望んだ通り予言が成就する」という法則があります。少女たちは家庭で自分が必要とされていると感じたとき立ち直れます。

図7-1は、少年院在院者の両親に対する「子育ての問題」についてのアンケート調査です。多くの親が、子育てに問題があったことを自覚しています。

非行を病気の一つとして主張している学者もいます。何度も家庭内で両親に暴力を振るう現場に呼ばれ、少女たちの顔をみました。目が吊り上がり、確かに通常の少女の顔はそこにありません。

非行は、遺伝と環境によって起こるという者もおります。さらに、最近は、脳に小さな異常のある者に起こると主張する学者もおります。

4．少年の更生

少年院に入り、和歌や俳句を作ると、100%母親がそこにうたわれます。少年院で自分を反省するゆとり、良い悪いの判断、内面に変化が生じてきます。そういうなかでの少年院での矯正教育は受け入れられます。少年院での少女たちの作品を見るとそれがわかります。しかし、最終的な更生の要因は、男女ともに母の愛です。女子少年の強力な更生は、もうひとつ、本当に自分を愛してくれるまじめな異性との交際、そして結婚です。筆者の回りにもかなりの非行少女がいます。その少女たちと徹底的に話し合っています。友達にもなってあげます。夜中に母親と警察に行ったりしています。何度裏切られても絶対信じてあげる。そういうなかで次第にまじめになり大学の通信教育部に入りしっかり勉強している少女さえ多く出てきています。

5．非行少年の環境

(1) **教育程度**　平成23年少年院に収容されていた、少女の教育程度を見ると、総数329人中、中学在学が79人、卒業が92人、高校在学52人、中退が96人、卒業が７人、大学は、在学２人、退学１人となっています。これを見ると学歴と非行は、相関関係にあるような気がします。非行が始まって学校に行かなく

表7-4　教育程度（平成23年　総数329人）

中学在学	卒業	高校在学	中退	卒業	大学在学	大学退学
79	92	52	96	7	2	1

表7-5　進路（平成23年）

就職	就職希望	中学復学	高校復学	進学希望
16	167	15	14	73

表7-6　知能指数（平成23年　総数329人）

59以下	60～69	70～79	80～89	90～99	100～109	110～119	120以上	不明
12	27	72	86	71	49	9	1	2

表7-7　保護者（平成23年）

実父母	実母	実父	義父・実母	その他	保護者なし
26.7%	45.3%	7.9%	11.6%	7.3%	1.2%

表7-8　資格免許（平成24年　総数298人）

ワープロ検定	販売士	パソコン検定	訪問介護員養成・研修	危険物取扱主任	小型建設車両運転特別教育
87	44	18	14	8	8

表7-9　出院時の取扱人（平成24年）

実父母	実母	実父	実父・義母	義父・実母	更生保護施設	その他
21.4%	38.1%	10.7%	1.5%	9.8%	6.5%	11.9%

（以上の表は『少年矯正統計年表』（2012年版）より作成。不明の者がいるため総数とは合わない場合がある）

なったのか、学校に行かなくなって非行が始まったのかは、わかりません。しかし、高校を卒業した者の非行率は、ここ20年からの統計から言っても３％と極端に少なくなっています。これは、高校を卒業するということが大事になります。よくテレビ等で物分かりの良い識者の「子どもさんが行きたくないのなら高校はやめさせても自分の道を探していけば問題がない」というような発言を耳にします。しかし、筆者は、これに大反対しています。高校を卒業させなければだめです。高校を卒業することにより、次の道も開けてくるのです。

⑵　**修了証書と進路**　平成24年の少年院出院者女子298人の学校修了証明書授与数をみると中学校修了証書を授与された者は33人になっています。

少年院でも、卒業時期には修了証書が授与されます。しかし少年院で修了証書を授与すると少女の学歴に少年院長の名前が記されることになり、その履歴は少年に一生ついて回ることになります。これは、少女にとっては、社会活動に適応していく上では、大きな障害になります。そうしたことへの配慮から、少女が在籍していた学校の卒業証書が授与されるシステムです。少女が在籍する中学校の校長や副校長が少年院に来てくれ、一人ひとり名前が読み上げられ、校長から卒業証書をもらいます。あれほど学校に迷惑をかけたにもかかわらず私のために校長が来てくれた。少女は感動で涙ぐみます。この感動教育が、少女の更生に大きく役立ちます。

この卒業証書は、ほとんどの学校で授与していますが、稀に学校によっては授与しない場合もあります。しかし、最近は、施設の長の発行はほとんどないのが救いになっています。しかし、卒業証書をもらったからと言って出院できるわけではありません。

出院してからの進路をみると就職が決定したもの16人、就職を希望しているものが167人、中学校に復学15人、高校に復学決定をしたものが14人、進学を希望しているものが73人おりました。

少年院で勉強している間に勉学の意欲や勤労の意欲が出てきたものといえます。

⑶　**知能指数**　平成23年に少年院に収容された女子329人の知能指数をみると、知能指数59以下のいわゆる軽度知的障害といわれる少女が12人、60～69

が27人、70～79が72人、80～89が86人、90～99が71人、100～109が49人、110～119が９人、120以上の知能を持つものも１人おります。男子から見ると女子の知能指数の値は、かなり悪いものになっています。

しかし、知能指数の検査をするとき、ほとんどが少年鑑別所等で行うわけですが、その検査にふてくされてやるか真剣になって取り組むかどうかは、また別の問題になります。

⑷　**保護者**　　保護者の状況を見ると329人中、父母は存在しているが家庭的には恵まれていない少女が多くいます。26.7％に実父母がいます。実母だけというのが45.3％、実父だけ、7.9％、義父・実母11.6％、その他7.3％、保護者なしが1.2％になっています。

少女の中には、義父に性交渉を迫られたりしている者もいます。ひどい例では母親が前夫と離別し、少女を連れて若い男に走った後、若い男は母親よりも少女の方が新鮮で魅力的であるため、少女に関係を迫り、母親は若い男を失いたくないためそれを見ながら黙認していたという事実さえありました。

⑸　**資格・免許**　　職業補導を受けて少年院から出院した少女たちの取得した、免許・資格は、総数298人（平成24年）のうち、ワープロ検定がもっとも多く、87人、次いで販売士の資格取得が44人、パソコン検定18人、訪問介護員養成研修14人、危険物取扱主任８人、小型建設車両運転特別教育が８人になっています。

男子と比べると職業補導がかなり資格として身を結んでいない感じがします。

⑹　**出院時の引き取り人**　　仮退院（退院）した、少女の引き取り人は、実父母が21.4％、実母が38.1％、実父が10.7％、実父・義母1.5％、義父・実母9.8％、更生保護施設6.5％、その他11.9％になっています。

少年院に入院するときは、少女と一緒に少年院までついて来て、「A子ちゃん、頑張って早く出てきてね。お父さんもお母さんも待っているから」といいながら、少女が頑張って10カ月で仮退院が決まり、院長が両親に仮退院の通知をすると「もう少し入れておいてください。」とか、「骨にして返してください。あの子が帰ってくると家がめちゃめちゃになってしまいます。」という手紙を少年院に送り、少女を引き取らない親がいます。

親に引き取られない少女は、厚生保護会に引き取られます。筆者の大学の近くにも女子少年だけの更生保護施設「紫水苑」があります。ゼミ生数名がBBS（ビック・ブラザース・アンド・シスターズ・ムーブメント）として少女たちに勉強を教えに行っています。友達活動として大学祭にも連れてきています。

少女たちは、ここで朝から晩まで規律を守り、アルバイトをしたり勉強したりしてしっかり生活します。15〜16歳の少女が6カ月間働いてお金を貯め、自分の住む部屋を見つけて自立していくのですが、なかなか難しい感じがします。少女の非行は、親にも原因があるのです。

6．医療少年院

医療少年院は、心身に著しい故障のある「おおむね12歳以上26歳未満の者を収容し治療と矯正教育を行っています。」

全国に4庁ありますが、男女を収容しているところは、東は、関東医療少年院、西は、京都医療少年院の二つだけです。

心身に著しい故障のある少年ということで、医療措置が必要となります。

1）身体的疾患

2）肢体不自由等の身体障害のあるもの

3）精神疾患及び精神病の疑いのあるもの

4）精神病質者及び精神病質の疑いのあるもの

院内には、精神科、内科、外科、整形外科、産婦人科、泌尿器科、眼科、耳鼻科等の各科があり、廊下に立って両側の診察室を見るとあたかも総合病院の感を呈しています。しかし、すべての科に医師が常駐しているわけではありません。男女は別々の寮になっていますが、共に24時間体制で病気の治療や健康の回復に努め特殊な病気や検査については、必要に応じて外部の医療機関の受診を行います。男女の寮はかなり離れており、あまり交流することもありませんが、どこでどうやり取りするのか、ラブレターが時々交わされるということです。

医療少年院でも普通の少年院と同じで新入時、中間期、出院準備期に分かれています。女子に対しては、裁縫や園芸というような職業補導をしています。

女子寮は、入ると男子寮とまったく違い女子らしい色遣いがなされていて優しい雰囲気が漂っています。

妊娠をしている女子もおり家庭裁判所で医療少年院送致と同時に妊娠中絶を行い少年院に送られる少女もいます。

少女は、この勧告を拒否して「絶対産みたいと」いって出産する少女もいます。外部の産婦人科で出産しますが、刑務所と違って赤ちゃんは、母親とすぐひきはなされ、乳児院に引き取られます。少女の母親も相手の男性も子どもをひきとらないためです。

しかし、それだけ出産を希望したにもかかわらず、仮退院しても子どもを引き取りに行かない少女がいるということです。

7．社会復帰準備教育

２級の下から始まり、矯正効果が上がると地方更生委員会により仮退院が決定されます。少女たちは、外に出るのが大変に不安です。そこで社会復帰の準備として外部の社会と自然なうちに接点を持たせます。

最近少女たちがガソリンスタンドでの就職を希望するものが多くなってきたため、危険物取扱者丙種の受験指導を行ったり、社会復帰後職場への通勤を円滑にするために原動機付自転車免許の受験指導なども行っています。

⑴　**院外委嘱職業補導**　一級上生を対象に社会復帰準備処遇の一環として、製茶工場や冷凍加工工場、ガソリンスタンドなどに少年院から毎日通い、実際に働く喜びを体験させ、職業意識の高揚を図っています。これは大変大きな成果を上げています。

⑵　**奉仕活動**　これも一級上生を対象に毎月一回定期的に近隣の駅の掃除や、老人ホームの奉仕活動を通してボランティア精神を涵養しています。

このように、さまざまな形で女子少年院では、素直で明るく、規則を守り、粘り強く働き、話し合いのできる女性を育成することを目標に少女たちの教育を行っているのです。

少年院で自分を反省するゆとり（内省）、善悪の判断、内面の変化、これらの最終的な更生要因は、男女少年とも母の愛です。何度裏切られても絶対信じてあげる親の愛によって、非行は防ぐことができます。これらの少年たちのあらゆる面からの本質的な解明なくして、単に非行少年を力でねじ伏せようとする厳罰主義は、副作用の多い対症療法といわざるを得ないと思います。

（2） 女子刑務所

女子の犯罪と少年犯罪を比べて見ると、その時代背景に大変似通ったものを感じます。

少年犯罪は、戦後三つの山があったとよくいわれています。一つは、敗戦を境として、1949（昭和24）年頃急増し1951（昭和26）年にピークに達した一つの山です。これは、敗戦後の治安の乱れと貧困を背景に多発したもので、治安が回復し経済が復興するにつれて少年犯罪は急速に減少していきます。第二の山は、昭和30年代に入ってから経済成長が著しくなり再び少年犯罪は急増します。そして、1964（昭和39）年にピークに達しています。その背景には、都市化、工業化が進み、人口の都市集中や、家庭の核家族化といった社会や家庭の混乱があげられます。その後昭和40年代は減少していきますが、1970年以降になるとどんどん増え、1983（昭和58）年にはピークに達しています。第３の山の特徴は、非行の低年齢化でした。また、遊び型非行というのも多くなっていきました。そして現在は徐々に少年犯罪は、減ってきています。

それらの推移の状況は、表7-10を見るとよくわかります。また表7-12は、1946（昭和21）年以降の交通関係業務上過失致死傷罪を除く刑法犯男女別検挙人員、人口比および女子比の推移を示したものです。女子の交通関係業過を除く刑法犯検挙人員は、1950（昭和25）年をピークとする第一の山。これは、少年犯罪と同じく、窃盗・詐欺等の財産犯が多数を占めております。そして、

表7-10　少年による刑法犯　検挙人員（罪名別）

①　昭和

年次	刑法犯総数	自動車運転過失致死傷等	一般刑法犯総数	殺人	強盗	傷害	暴行	脅迫	恐喝	凶器準備集合	窃盗	詐欺
21年	111,790	…	…	249	2,903	2,874	…	…	…	…	87,825	3,193
22	104,829	…	…	216	2,851	3,059	…	…	…	…	77,514	2,999
23	124,836	…	…	354	3,878	*1,904	**6,826			…	90,066	4,173
24	131,916	…	…	344	2,866	14,203				…	94,214	4,470
25	158,426	…	…	369	2,897	19,698				…	111,526	6,368
26	166,433	…	…	448	2,197	8,653	3,126	461	3,635	…	127,122	4,886
27	143,247	…	…	393	1,956	8,519	3,243	459	3,285	…	104,344	4,954
28	126,097	…	…	383	1,582	7,992	3,339	416	2,819	…	88,586	4,875
29	120,413	…	…	411	1,830	9,195	3,245	448	3,041	…	81,298	4,310
30	121,753	…	…	345	2,003	10,329	3,784	485	4,007	…	80,626	3,885
31	127,421	…	…	324	2,033	23,107				…	80,770	3,122
32	144,506	…	…	313	2,222	30,590				…	86,065	3,318
33	155,373	…	…	366	2,405	15,939	10,250	840	11,948	…	83,528	2,860
34	176,899	…	…	422	2,624	16,410	11,165	854	14,013	…	96,793	2,549
35	196,682	…	…	438	2,762	16,268	10,897	940	14,564	…	110,752	2,388
36	216,456	…	…	448	2,442	17,197	11,490	982	14,834	…	127,234	2,331
37	220,749	…	…	343	2,307	16,164	11,842	1,031	15,771	…	132,096	1,870
38	229,717	…	…	393	2,139	15,290	12,793	1,117	15,829	…	136,027	1,778
39	238,830	…	…	361	1,987	16,669	13,881	1,252	15,228	…	135,849	1,781
40	234,959	…	…	370	1,998	15,774	13,705	1,141	13,506	…	128,341	1,711
41	226,203	43,948	182,255	368	1,901	16,221	13,652	1,049	11,014	…	117,938	1,803
42	215,477	55,097	160,380	343	1,500	15,280	12,011	786	8,557	…	104,206	1,487
43	218,950	71,596	147,354	286	1,261	12,543	9,645	593	6,702	…	100,266	1,067
44	218,458	79,781	138,677	265	1,198	10,867	8,518	448	5,867	…	96,032	833
45	224,943	76,921	148,022	198	1,092	10,211	8,962	450	6,909	…	106,359	722
46	214,799	73,602	141,197	149	869	8,500	7,892	349	6,860	…	102,671	629
47	198,441	61,461	136,980	149	790	7,091	6,784	231	6,029	490	103,451	561
48	202,297	55,340	146,957	111	705	7,923	6,946	286	5,796	601	111,529	487
49	198,763	47,132	151,631	102	677	7,293	7,246	233	5,989	997	116,863	418
50	196,974	44,592	152,382	95	732	7,302	6,814	354	6,681	771	116,849	517
51	194,024	43,860	150,164	80	618	6,940	6,162	179	5,314	735	116,838	520
52	197,909	43,373	154,536	77	529	7,357	6,384	205	4,527	1,115	119,805	471
53	224,095	46,376	177,719	91	522	7,120	6,724	245	4,150	1,077	140,611	547
54	233,292	48,453	184,839	97	572	7,030	6,167	160	3,996	1,284	146,469	504
55	269,769	49,813	219,956	49	788	9,068	7,633	206	4,830	1,681	172,842	556
56	303,915	51,107	252,808	60	779	10,415	8,918	202	6,358	2,576	197,397	538
57	310,828	52,972	257,856	86	806	11,635	8,409	171	8,417	1,405	198,701	591
58	317,438	55,804	261,634	87	788	11,406	7,660	158	8,504	1,116	202,028	662
59	301,252	52,712	248,540	76	690	11,594	6,450	100	8,192	804	190,420	744
60	304,088	53,956	250,132	100	572	10,639	6,062	193	8,185	870	191,238	770
61	292,290	57,114	235,176	96	708	10,860	5,842	119	9,173	852	177,766	696
62	289,196	61,218	227,978	79	604	9,977	4,462	113	7,357	756	173,029	828
63	292,902	61,692	231,210	82	569	10,154	3,992	122	6,914	495	175,734	1,036

② 平成

年次	刑法犯総数	自動車運転過失致死傷等	一般刑法犯総数	殺人	強盗	傷害	暴行	脅迫	恐喝	凶器準備集合	窃盗	詐欺
元年	264,678	65,034	199,644	118	590	9,976	3,419	82	5,971	440	149,688	694
2	244,122	61,794	182,328	71	594	9,376	2,992	67	5,787	280	130,802	623
3	236,224	59,127	177,097	77	690	8,900	2,305	57	5,184	410	122,583	1,124
4	215,148	57,981	157,167	82	713	8,807	2,340	74	5,129	312	103,332	1,016
5	211,376	53,076	158,300	75	726	8,616	2,178	73	5,500	280	105,104	709
6	201,837	46,758	155,079	77	933	7,976	1,704	103	6,201	191	102,537	550
7	193,308	44,171	149,137	80	873	8,101	1,945	67	6,339	371	99,076	456
8	196,448	39,625	156,823	97	1,082	8,316	1,931	52	6,287	257	103,495	466
9	215,629	36,679	178,950	75	1,701	9,627	2,303	81	7,134	361	118,581	576
10	221,410	37,120	184,290	117	1,566	9,914	1,847	86	6,767	162	121,261	673
11	201,826	37,602	164,224	111	1,644	9,244	1,652	76	6,315	150	103,529	510
12	193,260	40,447	152,813	105	1,668	11,502	2,368	178	7,365	147	92,743	535
13	198,939	40,218	158,721	109	1,695	10,926	2,227	167	6,384	408	95,388	482
14	202,417	40,137	162,280	83	1,611	9,957	2,104	167	5,089	250	97,557	590
15	203,684	37,711	165,973	96	1,800	8,817	2,009	161	4,474	362	95,960	700
16	193,076	38,025	155,051	62	1,301	6,996	1,962	141	3,401	240	90,347	1,106
17	178,972	34,717	144,255	73	1,172	6,902	1,969	165	2,976	70	84,483	1,062
18	164,220	32,597	131,623	73	912	6,683	1,887	176	2,393	145	74,582	1,224
19	149,907	28,742	121,165	65	785	6,316	1,968	191	2,058	140	69,343	1,091
20	134,415	25,823	108,592	55	735	5,867	1,974	189	1,886	76	63,913	1,071
21	132,594	24,236	108,358	52	713	5,502	1,717	144	1,551	75	66,810	1,084
22	127,188	23,561	103,627	44	580	5,627	1,761	174	1,614	50	64,512	924
23	116,089	21,720	94,369	59	611	5,518	1,642	150	1,387	17	59,159	908

注 1 警察庁の統計及び警察庁交通局の資料による。
2 年齢は犯行時であり，また，検挙時に20歳以上であった者を除く。
3 触法少年の補導人員を含む。
4 ＊は，傷害の上半期（1月～6月）のみの数で，昭和23年上半期の暴行，脅迫及び恐喝は「その他」に含む。
5 ＊＊は，下半期（7月～12月）のみの数で，傷害，暴行，脅迫及び恐喝の総数である。
6 「強制わいせつ等」は，公然わいせつ及びわいせつ物頒布等を含む。
7 昭和40年以前の「その他」は，交通関係業過を含む。

（前掲『犯罪白書』資料3-3より作成）

1964年をピークとする第二の山。この時期の女子の犯罪は窃盗や、万引等の遊び型非行といわれるものが多くなっています。そして、1983年～84年をピークとする第3の山が顕著になっています。これは、少年非行の3つの山と全く軌を一にしています。現在は、2003（平成15）年をピークに少しずつ減少している状況にあります。

1．男女の検挙人員

一般男女の刑法犯の検挙人員は、1998（平成10）年に100万人を超え、1999年から毎年戦後最多を更新していましたが、2004（平成16）年に128万9416人を記録した後、2005年から減少に転じて、2011（平成23）年は98万6068人（前年比4万3049人（4.2%）減）と100万人を下回りました。

女子について、1946（昭和21）年以降の一般刑法犯の検挙人員及び人口比の推移を見ると、検挙人員は、1950（昭和25）年は、５万4000人台であったものが、1964年は５万1000人台、1983年は、８万3000人台と急増し、そのピークを経て、1988年には1983年に次ぐ８万2000人台となりました。平成期に入って一旦は大幅に減少しましたがその後、1992（平成４）年の５万2000人台を底として、1993年から増加に転じ、2005（平成17）年には８万4175人と戦後最多を記録しました。しかし、2006年から再び減少に転じ、2011年は６万5631人となり前年より3861人（5.6％）の減少となりました。

2011（平成23）年における一般刑法犯の罪名別の検挙人員を男女別に見ると（総数30万5951、男子24万320、女子６万5631）、構成比では、男女のいずれでも、窃盗が最も高く（それぞれ男48.8％、女78.1％）、横領がそれに次いでいます（同16.9％、8.6％）。女子比は、嬰児殺が100.0％で圧倒的に多いほか、万引きも40.5％と顕著に多くなっています。

男子は、検挙人員が1951（昭和26）年に55万5390人とピークを迎え、その後

表7-11　一般刑法犯 検挙人員（罪名別・男女別）

（平成23年）

罪　名	総　数		男　子		女　子		女子比
一般刑法犯	305,951	(100.0)	240,320	(100.0)	65,631	(100.0)	21.5
殺人	971	(0.3)	733	(0.3)	238	(0.4)	24.5
〔嬰児殺〕	19	(0.0)	−		19	(0.0)	100.0
強盗	2,431	(0.8)	2,273	(0.9)	158	(0.2)	6.5
傷害	21,572	(7.1)	19,801	(8.2)	1,771	(2.7)	8.2
暴行	21,999	(7.2)	20,291	(8.4)	1,708	(2.6)	7.8
窃盗	168,514	(55.1)	117,267	(48.8)	51,247	(78.1)	30.4
〔万引き〕	101,340	(33.1)	60,271	(25.1)	41,069	(62.6)	40.5
詐欺	10,569	(3.5)	8,798	(3.7)	1,771	(2.7)	16.8
恐喝	3,324	(1.1)	3,086	(1.3)	238	(0.4)	7.2
横領	46,287	(15.1)	40,650	(16.9)	5,637	(8.6)	12.2
遺失物等横領	45,227	(14.8)	39,758	(16.5)	5,469	(8.3)	12.1
偽造	1,491	(0.5)	1,134	(0.5)	357	(0.5)	23.9
放火	616	(0.2)	450	(0.2)	166	(0.3)	26.9
その他	28,177	(9.2)	25,837	(10.8)	2,340	(3.6)	8.3

注　1　警察庁の統計及び警察庁交通局の資料による。
　　2　（　）内は，罪名別構成比である。
　　3　〔　〕内は，犯行の手口であり，殺人又は窃盗の内数である。
　　4　「遺失物等横領」は，横領の内数である。

（前掲『犯罪白書』p.7）

表7-12　検挙人員

年次	検挙人員							総人口
	刑法犯	一般刑法犯						（単位：千人）
			男子		女子		女子比	
			人員	人口比	人員	人口比		
昭和21	445,484	442,579	408,760	1,776.6	33,819	127.3	7.6	75,750
22	459,339	455,097	419,348	1,673.2	35,749	131.4	7.9	78,101
23	550,540	546,991	502,122	1,957.3	44,869	161.6	8.2	80,002
24	585,328	579,897	526,292	2,006.9	53,605	189.6	9.2	81,773
25	616,723	607,769	553,491	2,066.2	54,278	188.5	8.9	83,200
26	619,035	606,686	555,390	2,031.7	51,296	174.7	8.5	84,541
27	575,852	557,521	510,603	1,829.1	46,918	156.7	8.4	85,808
28	547,550	519,707	476,198	1,675.8	43,509	142.9	8.4	86,981
29	539,789	503,063	461,989	1,588.7	41,074	132.0	8.2	88,239
30	558,857	515,480	475,813	1,603.2	39,667	124.9	7.7	89,276
31	527,950	470,522	438,532	1,443.7	31,990	98.5	6.8	90,172
32	544,557	471,600	439,750	1,418.3	31,850	96.2	6.8	90,928
33	545,272	457,212	425,217	1,342.1	31,995	94.7	7.0	91,767
34	557,073	454,898	422,962	1,314.3	31,936	93.1	7.0	92,641
35	561,464	442,527	408,592	1,264.5	33,935	98.2	7.7	93,419
36	581,314	451,586	414,875	1,251.1	36,711	103.7	8.1	94,287
37	569,866	430,153	388,152	1,139.6	42,001	115.7	9.8	95,181
38	606,649	425,473	377,319	1,078.5	48,154	129.4	11.3	96,156
39	678,522	449,842	398,659	1,113.7	51,183	134.6	11.4	97,182
40	706,827	440,563	390,839	1,071.6	49,724	128.5	11.3	98,275
41	740,055	433,545	387,074	1,043.0	46,471	118.1	10.7	99,036
42	802,578	402,738	358,596	951.4	44,142	110.5	11.0	100,196
43	923,491	393,831	348,258	911.7	45,573	112.6	11.6	101,331
44	999,981	377,826	332,769	859.3	45,057	109.9	11.9	102,536
45	1,073,470	380,850	333,344	853.7	47,506	114.6	12.5	103,720
46	1,026,299	361,972	313,738	795.7	48,234	115.0	13.3	105,145
47	976,706	348,788	301,380	750.6	47,408	110.8	13.6	107,595
48	931,329	357,738	306,605	755.0	51,133	118.2	14.3	109,104
49	852,372	363,309	305,048	742.9	58,261	133.2	16.0	110,573
50	830,176	364,117	302,685	722.1	61,432	138.6	16.9	111,940
51	830,717	359,360	292,084	689.1	67,276	150.2	18.7	113,094
52	822,319	363,144	294,225	686.5	68,919	152.2	19.0	114,165
53	843,538	381,742	308,756	712.2	72,986	159.4	19.1	115,190
54	840,333	368,126	298,691	680.3	69,435	149.8	18.9	116,155
55	869,844	392,113	317,888	719.5	74,225	158.8	18.9	117,060
56	904,643	418,162	339,216	757.3	78,946	166.8	18.9	117,902
57	944,051	441,963	362,138	798.2	79,825	166.6	18.1	118,728
58	963,544	438,705	355,505	773.5	83,200	171.5	19.0	119,536
59	961,363	446,617	364,833	783.8	81,784	166.5	18.3	120,305
60	970,369	432,250	353,265	749.3	78,985	158.6	18.3	121,049
61	967,997	399,886	322,030	673.5	77,856	154.3	19.5	121,660
62	983,931	404,762	326,700	674.1	78,062	152.7	19.3	122,239
63	988,784	398,208	315,568	642.7	82,640	159.7	20.8	122,745

年次	検挙人員							総人口（単位：千人）
	刑法犯	一般刑法犯						
			男子		女子		女子比	
			人員	人口比	人員	人口比		
平成元	934,194	312,992	246,487	496.2	66,505	127.1	21.2	123,205
2	899,650	293,264	233,070	467.1	60,194	114.1	20.5	123,611
3	899,023	296,158	239,093	472.8	57,065	107.0	19.3	124,101
4	922,953	284,908	232,878	456.5	52,030	96.7	18.3	124,567
5	958,475	297,725	243,445	473.8	54,280	100.2	18.2	124,938
6	974,158	307,965	250,070	483.9	57,895	106.2	18.8	125,265
7	970,179	293,252	234,471	450.7	58,781	107.0	20.0	125,570
8	979,275	295,584	234,918	448.5	60,666	109.7	20.5	125,859
9	957,460	313,573	243,192	461.8	70,381	126.5	22.4	126,157
10	1,006,804	324,263	251,540	475.3	72,723	129.9	22.4	126,472
11	1,080,107	315,355	250,433	471.6	64,922	115.4	20.6	126,667
12	1,160,142	309,649	246,271	462.8	63,378	112.4	20.5	126,926
13	1,195,897	325,292	256,869	479.5	68,423	120.5	21.0	127,316
14	1,219,564	347,880	273,289	509.4	74,591	130.9	21.4	127,486
15	1,269,785	379,910	300,309	558.4	79,601	139.2	21.0	127,694
16	1,289,416	389,297	305,165	566.8	84,132	146.7	21.6	127,787
17	1,278,479	387,234	303,059	564.3	84,175	147.0	21.7	127,768
18	1,241,358	384,630	302,914	560.8	81,716	142.0	21.2	127,901
19	1,184,336	366,002	286,432	529.9	79,570	138.1	21.7	128,033
20	1,081,955	340,100	266,976	493.8	73,124	126.8	21.5	128,084
21	1,051,838	333,205	262,971	486.7	70,234	121.8	21.1	128,032
22	1,029,117	322,956	253,464	471.5	69,492	120.4	21.5	128,057
23	986,068	305,951	240,320	443.1	65,631	113.1	21.5	127,799

（前掲『犯罪白書』資料1-1より作成）

多少の起伏はありますが、徐々に減少し、1989（平成元）年には、24万6487人と、1951（昭和26）年の半数以下にと減少します。そして、2003（平成15）年から2006年まで30万人代で横ばいでしたが、2007（平成19）年から減少し、2011年には、24万320人と大きく減少してきました。

このように男子の検挙人員が1951（昭和26）年をピークに多少の起伏はありますが減少傾向を示しているのに対して、女子は、徐々に増え男女差が縮小されてきました。これが特徴的な推移となっています。そして人口比からいえば、男女の差はかなり縮小されてきているのです。

これらの刑法犯が逮捕され、取り調べを受け検察庁に送られ起訴され、有罪判決を受け刑務所に収容されます。

2．女子刑務所

わが国の女子受刑者の収容施設、いわゆる女子刑務所は栃木、和歌山、笠松、岩国、加古川、麓刑務所の各刑務所と福島刑務支所と札幌刑務支所そして、女子収容区の美祢社会復帰促進センターの９庁です（男子の刑務所は67庁もあります）。

女子刑務所は女子の受刑者が少ないこともあって男子のような施設毎の分類収容ができません。ですから犯罪傾向の異なる者や、刑期や年齢が異なる者が同じ施設に収容されていることになります。ただし女子外国人受刑者は、栃木刑務所に収容されています。しかし、言葉等の問題で所内の規律さえ理解させるのが困難になっているということです。

3．処遇重点事項

女子受刑者について、特に重視すべき処遇重点事項とされているのは、(1)情緒の安定性を養う、(2)家庭生活の知識と技術を習得させる、(3)教養と趣味を身に付けさせる、(4)健康の管理に留意する、(5)保護引受人との関係の維持に努める、の５項目です。

これらの処遇重点事項に従い、女子刑務所では、開放的な建物が多く、保安上の要注意者や精神障害者を収容する場所以外の一般の居室には、施錠がなされず、トイレや洗面所は居室の外に設けられている場合が多くなっています。また、家庭的な雰囲気で、収容に伴う心理的な圧迫感をできる限り少なくするよう、所内の調度品などについても配慮がなされています。

女子受刑者が妊娠している場合もあるので、特別の保護的な措置が取られています。出産は生まれてくる子供のことも考慮して生まれた場所が出生地になるため、外部の産院で行われています。

また、刑務所に入る女子が一歳未満の実子を伴う場合には、乳児の発育状況や母親である受刑者の家庭の事情、その刑期、経済状態等を総合的に考慮・判断し必要と認める場合に限り、その乳児を刑務所内の保育室で一歳になるまで育てることも許されています（刑事収容施設及び被収容者の処遇に関する法律65

条、66条)。一歳を越えた乳児は、一般の乳児施設または保護者のもとに預けられます。

栃木刑務所では、犯罪のうち、もっとも多い窃盗の再犯防止指導が、一般改善指導として行われています。窃盗に至る動機が、経済的困窮という場合もありますが、栃木刑務所での指導は、保護環境が良く経済的にも余裕があるにもかかわらず窃盗を繰り返す者の主たる動機が自己のストレスの解消のためである者を対象として1カ月で1回、1回あたり90分で計6回、6カ月かけて行われています。これは、大きな効果を上げています(日本弁護士連合会編『刑務所の今』)。

また、教養と趣味を身に付けさせるために、通信教育や所内の教養講座の受講が奨励され、短歌、俳句、茶道、生け花、楽器、コーラスなどのクラブ活動が行われています。筆者の勤務する大学の通信教育部にも、ある刑務所の受刑者から入学願書が届きました。さらに、最近の覚せい剤事犯で入所する者の増加に対応して、薬害防止のための教育が活発に行われているほか、暴力団と関係のある者に対しては、個別的に暴力団との関係を絶たせるための指導を行い、かつ、父母など親族の者との関係の緊密化について援助に努めています。

4. 収容現況からの収容者の分析

それでは次に刑務所に収容された女子の種々の分析結果の説明をします。

(1) 女子新受刑者の知能　女子の新受刑者の罪名別の知能指数です。知能の程度については、入所時に検査が行われデータがとられています。2011(平成23)年の女子新受刑者2226人中、知能指数49以下が108人、50~59が151人、60~69が251人、70~79が516人、80~89が525人、90~99が362人、100~109が108人、110~119が9人、120以上が2人、テスト不能が194人います。知能指数の評価の仕方は、いくつかありますが50~70は、軽度の知的障害、35~50は中度の知的障害とされています。物事を理解させ、矯正していくのには、大変に難しい知能程度です。

2011年の新受刑者うち、刑法犯の女子1246人のうちもっとも多い罪名は、窃盗罪で876人でした。この窃盗罪をもっとも多く行った者は、70〜79の知能指数の者で189人もいます。あと80〜89が168人となっています。

知能指数が99以下のものが入所受刑者総数の2226人のうち1862人もおり、全体の85%にもなっているのに驚かされます。知能程度の低いものに犯罪が多いということがわかります。

覚せい剤も883人おりますが、やはり、覚せい剤事犯で一番多いのは、知能指数80〜89の者でした。詐欺に関しては、知能犯的な要素がありますが、あんに相違して、総数115人のうち知能指数70〜79の者が26人、80〜89の者が25人ともっとも多く、予想に反するものでした。女性犯罪者は概して知能の面で劣っている者が多いことがこれでよくわかります。

相当数の受刑者に知的障害が認められています。これらの知的障害のある者に対して単に刑務所に収容するのではなく、社会の中でこれらの人々に対する犯罪防止対策や、施設のなかであっても再犯防止対策が社会全体の犯罪防止対策の上で大変重要になると思います（日本弁護士連合会編『刑務所の今』)。

⑵ **罪　名**　2011（平成23）年の女子の入所受刑者総数は2226人で、そのうち、刑法犯が1246人、特別法犯980人になっています。

刑法犯でいえば前に述べたようにもっとも多いのが窃盗の876人で全体の70.3%になっています。次いで、詐欺罪の115人で全体の10%、次いで殺人の44人４%になっております。殺人がかなり多くなっていますが、これは、女性の場合は、殺される被害者が自分の子供や配偶者、父や母、義父母などの近親者が多く、介護疲れや、養育疲れ、痴情のもつれ等から殺人に至るケースが多いと思われます。特別法犯でいえば、覚せい剤が883人で全体の90.1%ともっとも多く他を圧倒しています。

横領罪の検挙人員は、多いですが、占有離脱物横領罪が多いため、刑務所には、入所する数が少ないと思われます。

⑶ **新受刑者の年齢層別構成比**　2010（平成22）年の入所受刑者2206人の中で年齢がもっとも多いのは、30〜39歳で29.5%、次いで40〜45歳の23.8%、20〜29歳の14.8%、50〜59歳の14.0%になっています。60〜64歳が6.7%、65歳以

上の高齢者が11.2%もおります。女子受刑者が高齢化しているのがよくわかります。

⑷　**新受刑者の刑期**　　新入所者2011（平成23）年の2226人を刑期別にみると、もっとも多いのが２年以下の懲役45.3%、になっています。次いで３年以下の懲役が22.5%さらに１年以下の懲役19.8%、５年以下の懲役が7.6%、無期を含む５年以上の懲役が4.8%になっています。

ほとんどの女子の犯罪者が、３年以下の懲役（87.6%）になっています。男

表7-13　知能指数（平成23年新受刑者　2226人以下同）

49 以下	50〜59	60〜69	70〜79	80〜89	90〜99	100〜109	110〜119	120 以上	テスト不能
108	151	251	516	525	362	108	9	2	194

表7-14　罪名（平成23年　2226人）

窃盗	詐欺	傷害	横領	殺人	強盗	覚せい剤取締法	道交法	売春防止法
876	115	39	33	44	29	883	43	12

表7-15　年齢別構成比（平成22年　2206人）

30〜39	40〜49	20〜29	50〜59	60〜64	65 以上
29.5%	23.8%	14.8%	14.0%	6.7%	11.2%

表7-16　刑期（平成23年　2226人）

２年以下	３年以下	１年以下	５年以下	５年以上
45.3%	22.5%	19.8%	7.6%	4.8%

表7-17　入所度数（平成22年　2206人）

初入	二入	三入	四入	五入
61.2%	18.3%	9.2%	4.4%	6.9%

表7-18　教育程度（平成23年　2226人）

中卒	高卒	高校中退	大学卒業	大学中退	不就学	不詳
756	715	485	154	47	10	3

（上記の表は矯正統計年報2012年から作成。年度により収容数が異なる）

子と違って５年以下の懲役で、95.2％を占めているのが特徴的です。

⑸　**女子入所度数**　入所受刑者の入所度数は、2010（平成22）年2206人中、初入61.2％、二入18.3％、三入が9.2％、四入が4.4％、五入以上が6.9％になっています。半数以上が初めて施設に入るものばかりですが５回以上入所している者が6.9％いるのに驚かされます。

⑹　**入所者学歴**　学歴から見ると2011（平成23）年の新入所者2226人の中で、中学卒業が最も多く、756人、次いで高校卒業の715人、高校中退の485人と続いています。この三者で88％を占めています。しかし、大学卒業が154人もいるのに驚かされます。

⑺　**作　業**　作業は、収容者の勤労意欲を養い、技術や技能を習得させ、働く事の喜びを自ら体得させて、出所後の更生と社会復帰に役立たせるために行っています。この就業する作業の種別を決めるに際しては、本人の健康をはじめ技能、適性、経験そして本人の将来の生活設計等も参考にし、決定しています。

女子刑務所全体の作業の種類として、女子は織物製造、経理作業（炊事、洗濯、清掃等の施設の自営に必要な作業）の順に就業者が多くなっています。各刑務所では、余暇時間を利用して本人の希望により作業することができるようになっています。この賃金は、収容者の収入になります。ですから、大部分のものが一日２時間以内で紙細工等の作業をしていて、最高の収入のものでは１カ月5000円程度の収入があります。

この余暇時間の作業を除いてその他刑務所の作業をしたものは、作業成績や技能、熟練の程度により毎月、作業賞与金を計算しています。

これらの作業賞与金は、更生資金として出所時に支給していますが、その一部は所内で日用品等を購入するために使用することができるようになっています。売店には十分とはいえないが日常生活を送るうえで必要なもの（下着、タオル、石鹸、ちり紙、クリーム等）はすべて揃っています。

⑻　**職業訓練**　職業訓練としては2012（平成24）年に出所した受刑者女子520人の中で職業訓練修了者の多い順に上位10位までを示すと、次の通りです。

フォークリフト運転が第１位で47人、第２位販売サービス47人、ホームヘルパーが第３位で44人、ビルハウスクリーニングが第４位で28人、つづいて第５位はビル設備管理で22人、第６位情報処理15人、第７位総合美容技術13人、第８位美容９人、第９位クリーニング７人、第10位点字翻訳２人となっています（法務省『矯正統計年報』2012年）。これらの資格、技術を取得したものの再犯率はかなり低くなっています。

これらの職業訓練は、従来から良き家庭人となるための女性として、また主婦としての仕事、すなわち調理、縫製等が中心として行われてきました。しかし、最近女子が家庭に従属することなく、家の外で働く場合も多くなって来ていることから、自活する能力を付与しなければということで、徐々にそれらの指導者の養成や、設備備品の整備、関係機関との連携の強化に努めていますがまだまだ十分ではありません。

⑼　受刑者の帰住先　2011年の出所者で帰住先のアンケートに答えた女子の125人中39.2％が父・母のもとへ。12.8％が配偶者のもと、5.6％が兄弟・姉妹、6.4％がその他の親族、9.6％が雇い主、18.4％が更生保護施設、8.0％が帰住先不明となっています。

女子が刑務所を出て、帰住する場所が問題になっています。「実父母のもと」へというのは男子の出所者34.2％から見ると39.2％と大変多くなっています。女子は、実母に引き取られる者が、51.7％もいるのにおどろかされます。やはり、実父は、男子の16.5％に比べると10.3％と少なくなっています。配偶者のもとというのが12.8％と少なくなっています。これは、配偶者も受刑者であったり、暴力団であったりして配偶者のもとに帰れなかったり、刑務所に入ると同時に夫に離婚される女子が多いからといわれております。「父母のもと」、「兄弟・姉妹のもと」および「その他の親族のもと」というのは女子の方が男子より高いことがわかります。

本章では、女子の非行、犯罪を紹介してみました。女子少年院においても、また刑務所においても、女子の収容者はその人口比からいえば最近多くなっています。しかし、まだまだ男子から比べればその総数においては大変少ないといえるでしょう。そのため、刑務所も少年院も男子に比べると少ないのです。最近の過剰収容を解決するため、福島刑務支所、加古川刑務支所、美祢復帰促進センター等を新設して回復を図っていますが、まだまだ過剰収容は解決できず、そのため一人ひとりの個性に応じた収容ができず、矯正効果は今一つあがっていません。しかも、職業指導や労作業においても、男性に服従する従来の女性をイメージしたものが多く、それらからの脱皮を考慮に入れた矯正指導もなされていません。指導教官や施設の設備、関係機関との密接な連携を取りながらしっかり実現して欲しいものです。

（3）　高齢化する受刑者

筆者は、13年前、共著『人権は誰のものか』という本の中で、「平均寿命が伸び、老人大国になっている日本では、少年犯罪が一段落したら、その後は必ず老人犯罪が多発する」という主張をいたしました。その後7年前にも共著『高齢学のプレリュード』（北樹出版）で、具体的数字を挙げてそれを立証しています。

まだ、少年犯罪は一段落していませんが、最近高齢者による犯罪が大変多くなってきています。2011（平成23）年刑務所に収容された、女子2226人のうち60歳から64歳までが7.5％、65歳以上が11.9％もおりました。高齢化が急速に進

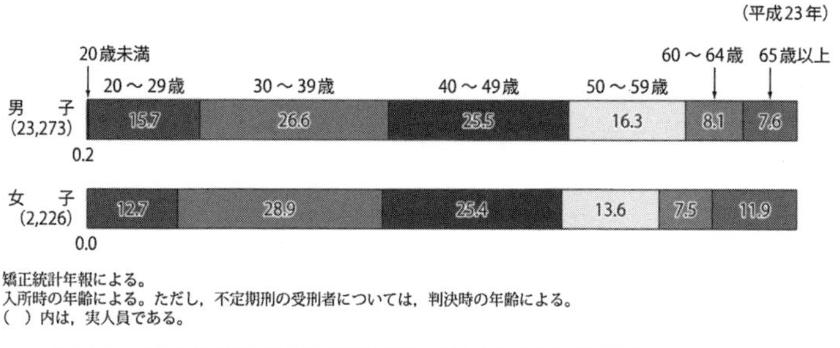

注　1　矯正統計年報による。
　　2　入所時の年齢による。ただし，不定期刑の受刑者については，判決時の年齢による。
　　3　（　）内は，実人員である。

図7-2　入所受刑者の年齢層別構成比（男女別）（前掲『犯罪白書』p.60）

んだ日本社会が犯罪情勢にも大きな影響を及ぼして、高齢者の犯罪が増加してきたのです。その中でも、とくに女子高齢者の犯罪の急増は、刑務所のなかも過剰収容にしています。毎年の年末に、ゼミ生と一緒に裁判所に傍聴に行くと、必ず65歳を過ぎた高齢の被告人が法廷におります。彼（彼女）は、娑婆（刑務所の外の世界）では生活が難しく、家族からも相手にされずに一人で生活するのが非常に困難になっています。

現在の、不況下で若者でも就職は厳しくなっています。それ以上に65歳を過ぎている高齢者を雇用してくれる会社は、皆無といって良いでしょう。

私達が傍聴した法廷では、被告人は無銭飲食と万引きをして警察に突き出されたものでした。金額が5000円というものでしたが判決は、実刑でした。学生たちが、「そんな少ない金額なら私たちで出してやりたい」と真剣に話していましたが、この女性は、何回も万引きを行っているため、執行猶予が付きませんでした。しかし、被告人の供述を聞いていると、外の世界では生活できないので、刑務所に入りたいという気持ちがあふれているのです。刑務所は、規則正しい生活ができます。朝・昼・晩の３食が食べられます。お風呂にも入れます。運動もできます。年寄りなので軽作業しかさせません。その上、お正月には、ささやかながら正月料理が出るのです。病気になったら治療までしてくれます。70歳を過ぎ、刑務所から仮釈放され、刑務官から「生きていくのは、大変だが１日も早く職を見つけて自立してほしい」と言われても、身寄りが無ければ更生保護施設を出てからは、生きていく事ことはできません。そこでもう一度刑務所に入りたい」と願うわけです。刑罰により、犯罪を抑止しようとする現代の刑罰論が崩れようとしているのです。

高齢受刑者は、年をとってくると、年齢に応じて当然身体や心に衰えが現れてきます。すでに両親は亡くなっており、刑務所を出ても帰る先がありません。

子どももいない場合が多く、またいても引きとってくれない場合が多くなっています。刑務所がえりの高齢者にとって、「将来の人生設計」を描け、というほうが無理な話しで、家族や社会に対する関係も若い世代とは、まったく違って対処が難しくなっております。

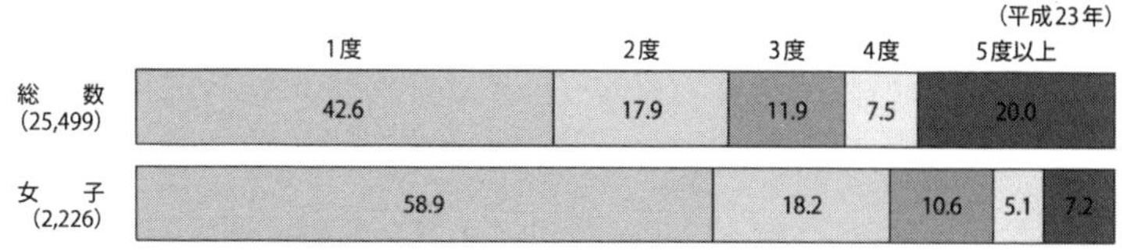

注　1　矯正統計年報による。
　　2　（　）内は，実人員である。

図7-3　入所受刑者の入所度数別構成比（総数・女子別）（前掲『犯罪白書』p.181）

高齢受刑者は、再犯率が非常に高く、とくに「６～９度」、「10度以上」というように、何度も再犯を繰り返すいわゆる多重累犯者の比率が、若い入所者から比べると大変に高くなっています。これは、窃盗や詐欺等の軽微な犯罪を繰り返して、何度も刑務所に入っている高齢者がいることでよくわかります。15度以上という高齢者も現実に存在しています。

なぜ、高齢者がこんなにも刑務所に入っているのでしょうか。前栃木刑務所処遇部長の福地美恵子さんは、老人にとって住みよい刑務所の魅力を、次のように語ります（以下主旨を変えないよう要約します）。

①まず、安全であるということ。自殺者もほとんどいないし、薬物も入ってこない。暴動もありません。

②高齢受刑者にも作業があります、仕事は、人間にとっていきがいであり、体力にふさわしい作業で、賞与金も与えられます。

③医療が手厚い。優しい担当さんが、夜間も見にきてくれます。病院に移されても、看護婦（ママ）のほかに刑務官が複数付添い、医療費の自己負担金などの心配も要りません。

④食事もカロリー計算され、栄養的に申し分がありません。自分では、コントロールできなかった糖尿病、減塩食も用意してくれます。勿論身体に悪い酒やタバコは、許されていません。

⑤日本は儒教の影響のもと、敬老精神があり、年寄りを大切にしてくれます。

なるほど、刑務所の外で家族にも相手にされず、病気になったり食べる心配をするより刑務所にいたほうが安心だというのがよくわかります（佐瀬一男他

『高齢学のプレリュード』北樹出版)。これらの問題の解決は、社会的コストを考えても、刑務所に送るよりも福祉が受け止めた方がはるかに良いと思われます。刑務所の過剰収容については前に述べたように、刑務所に入る受刑者が2006年をピークに徐々に減少しているにもかかわらず、高齢受刑者の数は増え続けています。そのなかでとくに女子高齢受刑者の数はうなぎ上りに増え続けているのです。

たとえば栃木刑務所では、1998(平成10)年以降過剰収容が続いており、2010(平成22)年には、定員648人に対して790人も収容されており、122%の過剰収容となっています。またさらに、累犯者も平成21年に、29%にも上り、そのうち60歳以上が20%に上り、高齢化が進んでおります。

また、2012年の笠松刑務所の、収容率は、122%で634人も収容されており、女子収容施設のなかでも全国でもっとも過密常態になっております。6人部屋に8人が収容され単独室を2人で使用している状態になっています。笠松刑務所でも高齢化が急速に進み、全収容者の平均年齢は48歳ですが60歳以上は、23%に当たる143人もいる状態です(外山ひとみ『女子刑務所』中央公論社)。

このような過剰収容を解消するため2006(平成18)年に構造改革特別区域法施行令が改正され、構造改革特区の指定を受けた地域に対しPFI方式による刑務所の設置が可能となりました。この方式により設置された刑務所が2007(平成19)年4月に収容を開始した美祢社会復帰促進センター(山口県美祢市)です。この施設は刑務官と民間職員が協働して運営する混合運営施設となっており、刑罰権の行使に対する業務に関してはすべて刑務官が行います。その他の施設の維持や管理、食事の提供などに関する業務は、社会復帰サポート株式会社が担当することになります。これによって、50億円近いコストカットが行われたということです。

収容定員は、男子800人、女子500人の1300人になっています。

ここでは、初犯受刑者だけを収容し調理師科、クリーニング科、ホームヘルパー科、ビルクリーニング科などの訓練科目を設けて、修了者には、クリーニング師、訪問看護員等の資格が取得できるようになっています。

これらの施設においては、PFI事業期間中（20年間）においては、武器や手錠等の特殊な物品以外の施設のほとんどの設備・物品の所有者は民間事業者のものとなり、世間でいう、刑務所の「民営化」、「民営刑務所」といわれております。しかし、民営化といっても処遇の最終決定権はあくまで「国」にあり、その一部が民間委託されているにすぎません。もっとも、どのような形であれ、現在の日本での刑務所改革の一つの動きとして注目されていることに違いはありません。

最近は、現在ある女子刑務所にも2011（平成23）年から民間企業のノウハウを生かした職業訓練が導入されています。

高齢受刑者たちの一番の関心事は、刑務官からの愛情と食事です。刑務官に対する相談の時間は、刑務官の前に長い行列を作り希望・悩みを伝えています。高齢で精神的にも少し障害のある受刑者たちは、壁に向かって食事をしたり、細かく切って食べやすくしているにもかかわらず食事時間中には食べられないものが20％もいるということです。

2011（平成23）年高齢受刑者264人のもっとも多い罪名は、窃盗で83.0％になっています。次いで詐欺が4.2％、覚せい剤が4.5％、殺人が3.0％、その他4.5％になっています。女子高齢者のほとんどが窃盗だということがわかります。

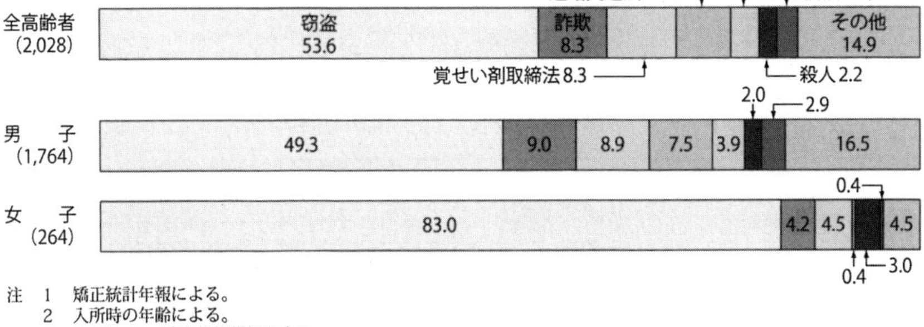

注　1　矯正統計年報による。
　　2　入所時の年齢による。
　　3　「横領」は，遺失物等横領を含む。
　　4　（　）内は，実人員である。

図7-4　高齢者の入所受刑者の罪名別構成比（男女別）（前掲『犯罪白書』p.169）

(4) 婦人補導院における処遇

売春は、最も古い女性の職業といわれます。歴史上はじめての売春は、紀元前2000年ころの文明の発祥地であるメソポタミアとかあるいは、古代ギリシャともいわれています。わが国でも、古くから売春は行われています。特に有名なのは、豊臣秀吉が作った大阪道頓堀の遊郭です。その後江戸時代に移り、吉原や島原などの遊郭において、女性が生活やその他さまざまな理由により身体を売り、そこに男性が通うということが公に認められていました。

しかし、1900(明治33)年の娼妓取締規則、さらに1908(明治41)年の警察犯処罰令の制定により、いわゆる売春は公娼制度のみが容認され、私娼制度等は禁止されることになりました。これが、1945(昭和20)年の第二次世界大戦終了まで続けられました。

1946(昭和21)年になると娼妓取締規則が廃止され、1947年に制定された婦女に売淫をさせた者等の処罰に関する勅令により、公娼制度も廃止されることになりました。これによって、婦女を困惑させて売淫させたり、売淫をさせる契約をする行為が処罰されることになりました。しかし、1948年警察官処罰令が軽犯罪法施行に伴い廃止されることになり、単純な売春行為を処罰する法律はまったくなくなってしまったのです。それいらい、今まであった公娼地区をいわゆる赤線地区として認めることとなり、それ以後は効果的な取締ができず

表7-19 売春関係事犯被疑者の職業別検挙人員の推移(平成20~24年)

区分 \ 年次	20	21	22	23	24
総数	1,026	1,091	1,007	946	951
無職(街娼、ポン引き等)	362	403	381	460	399
個室付浴場業者	49	16	47	37	129
料理店等接客業者	127	119	110	59	45
旅館業者	19	3	3	3	10
その他	469	550	466	387	368

(国家公安委員会・警察庁編『警察白書』(平成25年度版)統計資料特2-16)

時が過ぎてゆきました。こんななか、女性議員を中心にして女性の保護や性道徳をまもり、さらに善良の風俗の維持を図る運動が大きな広がりをみせてきました。これらの運動により世論も高まり、1957（昭和32）年４月１日、いわゆる売春防止法が施行されました。

売春防止法第５条は、売春をする目的で公衆の目に触れるような方法をもって勧誘または客待ちをしたり、勧誘するため公共の場所で人に付きまとうなどの行為を禁止しています（６月以下の懲役、１万円以下の罰金、これ以外に児童買春・児童ポルノ禁止法さらに各自治体の条例にも処罰規定があります）。これらの禁止された売春を助長する行為をして起訴された20歳以上の女子が有罪になり、裁判所が自由刑を執行すべき所を執行猶予にした場合に、その女子を補導処分にすることができることになりました（売防法17条）。この婦人補導院は、これらの補導処分に付せられた成人の女子を収容し、その更生のために必要な補導を行う施設として、東京・大阪および福岡に設置されました。しかし、これは刑事処分ではなく、非行少年を刑務所ではなく保護処分として少年院へ送致するのと同じく、一種の保安処分と見ることができます。婦人補導院の収容期間は６カ月を限度としています。しかし、現実は、たとえ６カ月であっても自由を拘束して収容されるわけですから、なぜ女子だけが補導院に入れられるのかという素朴な疑問も出てきます。しかし、補導院は有罪となった女子を更生させる組織ですから、男女異なって取り扱って良いとする意見が通説となっているのです。

婦人補導院の処遇の目標は、

(1) 売春に対する認識の変容

(2) 地道に働く習慣の体得

(3) 健康な身体づくり

を設定して職員との情緒的なふれあいを通して処遇を行っています。在院者の処遇に当たっては、規律ある明るく開放的な環境の下で指導職員との人間的触れ合いを深めながら在院者一人ひとりの特性に応じた指導を行っています。具体的には、売春に対する価値観を考えさせ、その取るべき態度を変容させることを目標として視聴覚教材を利用した指導および個別面接を行っています。そのほか、編み物をはじめ裁縫・炊事・洗濯・園芸作業等を通して、また、調理実習を通して女性としての日常生活における生活技術の修得や勤労意欲の喚起を図っています。また、民間篤志家による書道や生花や絵画などによる情操面の指導も行っています。さらに婦人相談センターの相談員による保護相談、院外の公共施設の利用や、施設見学などを通じて社会適応性を高めるよう工夫をしています。また、特別活動としてレクレーションも行われています。

医療の面では、更生の妨げとならないようとくに性病の治療に重点をおいています。また、定期健康診断や衛生講話などの医療も行われています。社会復帰の諸施策については、退院または仮退院後の帰住先の環境に恵まれないものが多いので関係機関などの連携を十分に保ちながら推進しています（前掲『犯罪白書』）。

しかし、これらの職業指導だけでは、期間・内容ともに中途半端になり、出院後の自立には何の役にも立たないような気がします。女としてではなく、自立した人間として生活ができるよう職業補導をしてもらいたいと思います。

補導院の現在は収容人員が減少したため、1993（平成５）年末では、東京に１庁のみになっています。1992年には、婦人補導院に新たに収容された女子はいませんでした。深夜テレビの放送で、よくソープ嬢が生出演して悪びれることもなく、自分の仕事のことを明るく話しているのを目にすることがあります。これらは完全に売春をしているわけですが、テレビ局も視聴者も彼女たちが売春防止法に違反しているという、いわゆる罪悪感をもって見ている者はいません。

彼女たちも、まことにアッケラカンとしているのです。まさにソープ嬢という仕事が、市民権をもっているという感じさえしています。これらの女子がまったく逮捕されず、生活のためにやむを得ず街角で勧誘して春を売る中年の婦人が逮捕され裁判にかけられ、結果婦人補導院に送られるのは、どうも納得がいかない感じさえします。しかし、現実には1960（昭和35）年には408人の収容者があった婦人補導院も、1982（昭和57）年以降の収容者は毎年１桁台が続き、平成に入ってからは、1989（平成元）年４名、1995年１名、2005年１名と最近10年間の平均収容人員は１人未満と減少しているのが救いになっています。

現在八王子の婦人補導院では、2011（平成23）年に１人、2012年に１人収容され一時は２人の在院者がありましたが現在は、収容者が全くおりません。

職員の予定定員は６人になっていますが、１人も収容されていないときは、法務教官として隣の少年鑑別所に勤務しています。

表7-20　被収容者の入出院事由別人員及び１日平均収容人員

婦人補導院	前年からの繰越人員	入院					出院						年末収容人員	１日平均収容人員
		計	新収容	仮退院の取消し	逃走車の連戻し	その他	計	退院	仮退院	逃走	死亡	その他		
平成20年	—	—	—	—	—	—	—	—	—	—	—	—	—	—
21	—	—	—	—	—	—	—	—	—	—	—	—	—	—
22	—	—	—	—	—	—	—	—	—	—	—	—	—	—
23	—	1	1	—	—	—	—	—	—	—	—	—	1	—
24	**1**	**1**	**1**	—	—	—	**2**	—	**2**	—	—	—	—	—
東京	1	1	1	—	—	—	2	—	2	—	—	—	—	—

（法務省『婦人補導統計統計表』(2012年）より作成）

売春は、被害者のいない犯罪といわれています。女性が体を売るのは、反倫理的であり公序良俗に反するので許せないという意見があります。

しかし、女性はお金が必要であり、男性は女性の体を求めた時、そこに仲介・斡旋者がいない限り平等な契約であり、被害者がいません。そこに国家刑罰権を発動させるのは行きすぎではないかという考えもあります。

近年売春を合法化する国が多くなっています。オーストラリアなどでは、外国人が売春ビザで滞在許可を得ることができようになっているそうです。

男女平等にするため、売春をしたものは、女性だけでなく男性も処罰すべきであるという意見も強くなっています。

第5章　おわりに

日本国憲法第14条には、「すべて国民は、法の下に平等であって、人種、信条、性別、社会的身分又は門地により、政治的、経済的又は社会的関係において、差別されない」とあり、性別による差別を禁止しています。なかでも長い歴史をもつ性差別を克服し、女性解放を実現するために、さまざまな挑戦がなされています。人権後進国といわれる日本においても、「男女雇用機会均等法」や「DV防止法」などが制定されました。こうした動きは、ますます高まっていくでしょう。

女性だからといって遠慮するのは時代遅れでしょう。自らの身体をいとおしみつつ、エンジンを全開にして、家庭に、地域に、職場に、世界に、価値を生み出しながら、ダイナミックに自己実現、社会貢献をしていきたいものです。

最近、注目されるのは、女性運動の流れが微妙に変化し、「対立から共生へ」という理念が語られるようになったことです。

これからの時代を「共生の時代」とよぶ考え方もあります。――女性も解放されていないけれども、実は男性も解放されていないのかもしれない。「人は女に生まれない。女につくられるのだ」との言葉は、「人は男に生まれない。男につくられるのだ」と読み変えることもできるのではないか。実は、男性であれ女性であれ、人間としての自己実現が阻まれている状況こそが問題なのではないか――というのです。「女らしさ」の呪縛とならんで、「男らしさ」の呪縛が問題にされつつあります。

だからといって、現実社会における具体的な性差別を看過するということではありませんが、女性の問題は、同時に男性の問題でもあります。大学で「女性学」の講座とならんで「男性学」が試みられているのはそれを示すものといえましょう。今後は、男女が互いの立場を理解し、多様性を認め、より柔軟な協調性を高めることによって、現実の差別状況を解決しつつ、よりよく共生できる世界がめざされていくのではないでしょうか。

そうした社会においてはじめて、女性も男性も、自らの特性を最大に発揮し生きることができるでしょう。そうした意味で、女性学は、女性の解放に寄与するだけでなく、男性の解放、すなわちすべての人間の解放と自己実現のために不可欠な視点なのです。

参考文献　（50音順・アルファベット順）

第２章　歴史をひもとく

第１節　女性の視点からみた社会・思想・文化

・井上洋子・古賀邦子・宮永桂子・星乃治彦・松田昌子『ジェンダーの西洋史』法律文化社、1996.
・加美芳子『はじめて出会う女性史』はるか書房、1996.
・辻村みよ子・金城清子『女性の権利の歴史』岩波市民大学『人間の歴史を考える⑧』岩波書店、1992.
・水田珠枝『女性解放思想史』筑摩書房、1979.
・Wollstonecraft, Mary, *A Vindication of the Right of Woman*, 1792.　臼井暁子訳『女性の権利の擁護』未来社、1989.

第２節　諸宗教にみる女性観（１）仏教

・入山淳子『テーリーガーター　仏にまみえた女たち』日本放送出版協会、2007.
・岩本裕『仏教と女性』第三文明社、1980.
・大越愛子・源淳子・山下明子『性差別する仏教　フェミニズムからの告発』法蔵館、1990.
・大越愛子他『解体する仏教』大東出版社、1994.
・大隅和雄・西口順子編『シリーズ　女性と仏教』全４巻、平凡社、1989.
・奥田暁子他編『宗教のなかの女性史』青弓社、1993.
・笠原一男『女人往生思想の系譜』吉川弘文館、1975.
・木津譲『女人禁制　現代穢れ・清め考』解放出版社、1993.
・小栗純子『女人往生　日本史にみる女の救い』人文書院、1987.
・女性と仏教　東海・関東ネットワーク編『ジェンダーイコールな仏教をめざして』朱鷺書房、2004.
・立花真紀『女性のための仏教入門――女性は仏になれないのか』PHP研究所、1989.
・田上太秀『仏教と性差別――インド原典が語る』東書選書、1992.
・高木豊『仏教史のなかの女人』平凡社、1988.
・田中雅一・川橋範子編『ジェンダーで学ぶ宗教学』世界思想社、2007.
・野村育世『仏教と女の精神史』吉川弘文館、2004.
・源淳子『仏教と性　エロスへの畏怖と差別』三一書房、1996.
・源淳子『フェミニズムが問う王権と仏教　近代日本の宗教とジェンダー』三一書房、1998.
・渡辺昭宏『釈尊をめぐる女性たち』大法輪閣、1976.

第２節　諸宗教にみる女性観（２）キリスト教

・荒井献『新約聖書の女性観』岩波書店、1988.
・一色義子他『解放の神学　女性からの視点』燦葉出版社、1991.

・上山安敏『魔女とキリスト教——ヨーロッパ学再考』人文書院、1993.
・上山安敏・牟田和男『魔女狩りと悪魔学』人文書院、1997.
・絹川久子『聖書のフェミニズム——女性の自立をめざして』ヨルダン社、1987.
・絹川久子『女性の視点で聖書を読む』日本基督教団出版局、1995.
・絹川久子『女性たちとイエス——相互行為的視点からマルコ福音書を読み直す』日本基督教団出版局、1997.
・高橋義人『魔女とヨーロッパ』岩波書店、1995.
・浜林正夫『魔女の社会史』未来社、1978.
・Armstrong, Karen, *The Gospel According to Woman*, Oxford, 1986.　高尾利数訳『キリスト教とセックス論争』柏書房、1996.
・Christ, Carol & Judith Plaskow (eds.), *Womanspirit Rising*, Harper & Row, 1979. 奥田暁子他訳『女性解放とキリスト教』新教出版社、1982.
・Daly, Mary, *The Church and the Second Sex*, Harper Colophon Books, NY, 1975. 岩田澄江訳『教会と第二の性』未来社、1981.
・Gossman, Elisabeth, *Die streitbaren Schwestern: Was will die Feministisch Theologie?*, Verlag Herder, Freiburg in Breisgau, 1981.　岡野治子訳『フェミニズムとキリスト教』勁草書房、1984.
・Gossmann, Elisabeth (hrsg.), *Wörterbuch der Feministischen Theologie*, Gutersloh, 1991. 岡野治子他監修『女性の視点によるキリスト教神学事典』日本基督教団出版局、1998.
・Ranke-Heinemann, Uta, *Eunuchen für das Himmelreich: Katholische Kirche und Sexualität*, Hoffmann und Gampe Verlag, Hamburg, 1989. 高木昌史他訳『カトリック教会と性の歴史』三交社、1996.
・Ruether, Rosemary Radford, *Sexism and God-Talk: Toward a Feminist Theology*, Beacon Press, Boston, 1983.　小檜山ルイ訳『性差別と神の語りかけ　フェミニズム神学の試み』新教出版社、1996.

第2節　諸宗教にみる女性観（3）イスラーム

・板垣雄三編『世界の女性史　14中東・アフリカⅡ　東方の輝き』評論社、1977.
・片倉もとこ編『人々のイスラーム』日本放送出版協会、1987.
・片倉もとこ『イスラームの日常世界』岩波書店、2009.
・加藤博編『イスラームの性と文化』東京大学出版会、2005.
・塩尻和子他『イスラームの生活を知る事典』東京堂出版、2004.
・塩尻和子『イスラームの人間観・世界観』筑波大学出版会、2008.
・清水芳見『アラブ・ムスリムの日常生活』講談社、1992.
・中西久枝『イスラムとヴェール』晃洋書房、1996.
・Saadawi, N.El, *The Hidden Face of Eve: Women in the Arab World*, 1980. 村上眞弓訳『イヴの隠れた顔——アラブ世界の女性たち』未来社、1980.
・Ahmed Leila, *Women and Gender in Islam*, Yale Univ. Press, 1992. 中西久枝『イスラムと

ヴェール』晃洋書房、1996.
・Al-Hibri, Azizah (ed.), *Women and Islam*, Pergamon Press, Oxford, 1982.
・Souad, *Brûlée Vive*, 2004. 松本百合子訳『生きながら火に焼かれて』ソニーマガジンズ、2004.
・Mernissi, Fatima, *Women's Rebellion & Islamic Memory*, Zed Books, 1996. 庄司由美他訳『ヴェールよさらば――イスラム女性の反逆』心泉社、2003.
・Walter, Wiebke, *Woman in Islam*, M. Wiener., Pub., 1993.

第3章 「女らしく」から「自分らしく」へ

・池内康子・武田春子・二宮周平・姫岡とし子編『21世紀のジェンダー論』晃洋書房、1999.
・伊藤公雄・牟田和恵『ジェンダーで学ぶ社会学』世界思想社、1998.
・井上輝子『女性学への招待〔新版〕』有斐閣、1997.
・井上輝子『女性学とその周辺』勁草書房、1980.
・岩男寿美子・加藤千恵編『女性キーワード』有斐閣、1997.
・上野千鶴子『家父長制と資本制　マルクス主義フェミニズムの地平』岩波書店、1990.
・江原由美子『女性解放という思想』勁草書房、1985.
・江原由美子『フェミニズムと権力作用』勁草書房、1988.
・江原由美子『ジェンダーの社会学』新曜社、1989.
・江原由美子『ラディカル・フェミニズム再興』勁草書房、1991.
・江原由美子・長谷川公一・山田昌弘・天木志保美・安川一・伊藤るり『ジェンダーの社会学　女たち／男たちの世界』新曜社、1989.
・大越愛子『闘争するフェミニズム』未来社、1996.
・金本淑子『ポストモダン・フェミニズム　差異と女性』勁草書房、1989.
・栗原淑江『女性のための人間学セミナー』第三文明社、1997.
・鹿嶋敬『男と女　変わる力学』岩波書店、1989.
・行動する会記録集編集委員会編『行動する女たちが拓いた道――メキシコからニューヨークへ』未来社、1999.
・佐瀬一男・栗原淑江他『女性学へのプレリュード』北樹出版、1995.
・清水澄子・北沢洋子『女性たちのつくる20世紀　私たちの北京「行動綱領」』女性政策研究所、1996.
・女性学研究会編『講座　女性学』１－４、勁草書房、1984-87.
・日本弁護士連合会編著『北京1995　世界女性会議／日弁連レポート　問われる女性の人権』こうち書房、1996.
・平塚らいてう『原始、女性は太陽であった』上・下、大月書店、1971.
・水田珠枝『女性解放思想史』筑摩書房、1979.
・Friedan, Betty, *The Feminine Mystique*, 1963. 三浦冨美子訳『増補　新しい女性の創造』大和書房、1977.

第4章　現代社会の女性をめぐる諸問題

第1節　家族における女性

・青木やよひ『母性とは何か』金子書房、1986.
・諌山陽太郎『〈別姓〉から問う〈家族〉』勁草書房、1997.
・井上治代『女の「姓」を返して』創元社、1986.
・大日向雅美『母性の研究』川島書店、1988.
・落合恵美子『21世紀家族へ（新版）』有斐閣、1998.
・西塔成男『妻たちの思秋期』筑摩書房、1982.
・榊原富士子『女性と戸籍――夫婦別姓時代に向けて』明石書店、1992.
・榊原富士子・吉岡睦子・福島瑞穂『結婚が変わる、家族が変わる――家族法・戸籍法大改正の勧め』日本評論社、1993.
・白石玲子『夫婦別姓を生きる　ジェンダーで読みとく家族の法』フォーラムA、2003.
・高橋菊枝・折井美耶子・二宮周平『夫婦別姓への招待』有斐閣、1993.
・棚村政行『結婚の法律学』有斐閣、2000.
・林郁『家庭内離婚』筑摩書房、1985.
・久武綾子『氏と小関の女性史　わが国における変遷と諸外国との比較』世界思想社、1988.
・広岡守穂『男だって子育て』岩波書店、1990.
・山下悦子『フェミニズムはどこへ行ったのか　「主婦」解体論から夫婦別姓まで』大和書房、1996.
・吉澤紀代子『殴る夫　逃げられない妻』青木書店、1997.

第2節　職場における女性

・朝倉むつ子『均等法の新世界』有斐閣、1999.
・大脇雅子・中野麻美・林陽子『働く女たちの裁判　募集・採用からセクシュアル・ハラスメントまで』学陽書房、1996.
・奥山明良『職場のセクシュアル・ハラスメント』有斐閣、1999.
・小椋利丸・大橋由香子編著『働く／働かない／フェミニズム』青弓社、1991.
・鐘ヶ江晴彦・廣瀬裕子編『セクシュアル・ハラスメントはなぜ問題か』明石書店、1994.
・金子雅臣『壊れる男たち　セクハラはなぜ繰り返されるのか』岩波書店、2006.
・鎌田とし子編『天気に立つ女性労働』学文社、1987.
・竹中恵美子・久場嬉子編『労働力の女性化　21世紀へのパラダイム』有斐閣、1994.
・原山擁平『セクハラの誕生　日本上陸から現在まで』東京書籍、2011.
・福島瑞穂他『セクシュアル・ハラスメント（新版）』有斐閣、1998.
・宮淑子『新版　セクシュアル・ハラスメント』朝日文庫、2000.
・牟田和恵『部長、その恋愛はセクハラです！』集英社、2013.

第3節　教育における女性

・一番ケ瀬康子他編『婦人解放と女子教育』勁草書房、1975.
・伊藤良徳・大脇雅子・紙子達子・吉岡睦子『教科書の中の男女差別』明石書房、1991.

・家庭科教育研究者連盟会編『家教連20年のあゆみ　家庭科の男女共学一筋』ドメス出版、1988.
・金森トシエ・藤井治枝『女の教育100年』三省堂、1977.
・カンダ道子編『学習する女性の時代』日本放送協会、1981.
・小山静子『良妻賢母という規範』勁草書房、1996.
・男女平等教育をすすめる会編『男女混合名簿の試み　どうして、いつも男が先なの？』新評論、1997.
・橋本紀子『男女共学制の史的研究』大月書店、1999.
第４節　高齢社会における女性
・井上祥子『新・女性学への招待』ゆうひかく選書、2010.
・『高齢社会白書』平成25年版、内閣府
・『男女共同参画白書』平成25年版、内閣府
・『犯罪白書』平成23、24年版、法務省
・渡邊裕子「高齢期の就労と女性の社会進出に関する制度と問題点」香川大学政策研究第５号、2009.
第５節　メディアにおける女性
・井上輝子・女性雑誌研究会『女性雑誌を解読する』垣内出版、1989.
・井上輝子・上野千鶴子・江原由美子編『日本のフェミニズム　７表現とメディア』岩波書店、1995.
・井上輝子・木村栄・西山千恵子・福島瑞穂・細谷実『ビデオで女性学　映画のなかの女性を読む』有斐閣、1999.
・上野千鶴子＋メディアの中の性差別を考える会編『きっと変えられる　私たちのガイドライン』三省堂、1996.
・加藤春恵子・津金澤聡廣編『女性とメディア』世界思想社、1992.
・行動する女たちの会編『ポルノ・ウォッチング　メディアのなかの女の性』学陽書房、1990.
・行動する会記録集編集委員会編『行動する女たちが拓いた道――メキシコからニューヨークへ』未来社、1999.
・小玉美意子『新版・ジャーナリズムの女性観』学文社、1991.
・中村桃子『ことばとフェミニズム』勁草書房、1995.
・日本ペンクラブ編『差別表現を考える』光文社、1995.
・諸橋泰樹『雑誌文化の中野女性学』明石書店、1993.
第６節　身体性と女性
・上野千鶴子・綿貫礼子編著『リプロダクティブ・ヘルス／ライツと環境』工作社、1996.
・江原由美子編著『性の商品化　フェミニズムの主張2』勁草書房、1995.
・江原由美子『生殖技術とジェンダー』勁草書房、1996.
・江原由美子『性・暴力・ネーション』勁草書房、1998.

・荻野美穂『生殖の政治学　フェミニズムとバース・コントロール』山川出版、1994.
・金城清子『生殖革命と人権　産むことに自由はあるのか』中央公論社、1996.
・金城清子『生命誕生をめぐるバイオエシックス』日本評論社、1998.
・グループ・女の人権と性編著『ア・ブ・ナ・イ生殖革命』有斐閣、1989.
・田崎英明編『売る身体／買う身体』青弓社、1992.
・角田由紀子『性の法律学』有斐閣、1991.
・福島瑞穂・中野理恵『買う男　買わない男』現代書館、1990.
・福島瑞穂編『産まない選択』亜紀書房、1992.
・宮台真司『〈性の自己決定〉原論』紀伊國屋書店、1998.
・ヤンソン由美子『リプロダクティブ・ヘルス／ライツ』国土社、1997.
・渡辺和子編著『女性・暴力・人権』学陽書房、1994.

第7節　犯罪

・佐瀬一男他『高齢学のプレリュード』北樹出版、2006.
・外山ひとみ『ニッポンの刑務所』講談社現代新書、2010.
・外山ひとみ『女子刑務所　知られざる世界』 中央公論社、2013.
・日本弁護士連合会『刑務所のいま――受刑者の処遇と更生』 ぎょうせい、2011.
・福地美恵子「女子刑務所における高齢受刑者処遇についての一考察」『刑政』113巻６号、矯正協会、2002.

著者紹介・担当一覧

佐瀬　一男（させ・かずお）　4章4・7節

1943年　東京都に生まれる
1969年　中央大学法学部政治学科卒業
1975年　駒澤大学大学院法学研究科博士課程単位取得満期退学
創価大学教授、法科大学院兼担教授を経て現在創価大学名誉教授、弁護士、法務省人権擁護委員、調布市個人情報保護審査会会長
専行　刑法、少年法
著書
『刑法総論』（共著、八千代出版、1985年）『非行少年はこう扱われる』（共著、有信堂高文社、1987年）『法学へのプレリュード』（共著、八千代出版、1994年）『人権は誰のものか』（共編著、有信堂高文社、1993年）『女性学へのプレリュード』（共著、北樹出版、1995年）『誰もがたどった道そして誰もが忘れてしまった道』（共著、北樹出版、1998年）『高齢学のプレリュード』（共著、北樹出版、2006年）『刑法各論』（創価大学通信教育部、2010年）その他

栗原　淑江（くりはら・としえ）
1・2・3・4章1～3節・5・6節・5章

1952年　埼玉県に生まれる
1975年　創価大学文学部社会学科卒業
1983年　創価大学大学院文学研究科社会学専攻博士後期課程単位取得満期退学
東洋哲学研究所主任研究員、創価大学講師、博士（社会学）
著書
『人権はだれのものか』（共著、有信堂高文社、1993年）『女性学へのプレリュード』（共著、北樹出版、1995年）『女性のための人間学セミナー』（編著、第三文明社、1997年）『賢く生きる』（編著、第三文明社、1999年）『女性に贈る幸福への指針』（第三文明社、2003年）『未来をつくる女性の力』（第三文明社、2009年）

女性たちのチャレンジ――過去・現在・未来

2014年 2 月20日　初版第 1 刷発行
2017年 9 月15日　初版第 2 刷発行

著　者　佐　瀬　一　男
　　　　栗　原　淑　江

発行者　木　村　哲　也

・定価はカバーに表示　　印刷　シナノ印刷／製本　新里製本

発行所 株式会社 北樹出版

URL:http://www.hokuju.jp

〒153-0061　東京都目黒区中目黒 1-2-6　電話(03)3715-1525(代表)

ISBN 978-4-7793-0400-2